暗号が通貨《カネ》になる「ビットコイン」のからくり

「良貨」になりうる3つの理由

吉本 佳生
西田 宗千佳 著

ブルーバックス

カバー装幀／芦澤泰偉・児崎雅淑
本文デザイン／あざみ野図案室
図版制作／吉本佳生

はじめに

いまから300年以上前の1694年、イングランド銀行――現在のイギリスの中央銀行が設立されました。翌々年の1696年にイギリスの王立造幣局の監事となり、1699年には長官の座に就《つ》いて、国家が発行する貨幣の守護者となったのは、偉大な数学・物理学者のアイザック・ニュートン（1642〜1727）でした。

すでに科学者としての輝かしい研究業績のほとんどを生み出し終えていたニュートンは、当時のイギリスで横行していた贋金《にせがね》づくりの組織と対決し、鮮やかな手腕で激減させました。贋金づくりは国家に対する反逆であるとして、首謀者を死刑にすることで、〝国家通貨〟の価値と威信を維持したのです。

その一方で、ニュートンは〝錬金術《れんきんじゅつ》〟の研究にも熱中していました。のちに、やはりイギリスが生んだ偉大な経済学者のジョン・メイナード・ケインズ（1883〜1946）は、そうした研究の業績を収集して読んだうえで、ニュートンをつぎのように評しました。――ニュートンは、合理主義の理性にしたがう近代科学者の最初にして最大の人とみられているが、そうではなく、何千年も前のバビロニア人やシュメール人と同じように錬金術などに魅入られた、「最後の魔術師」だ。

ニュートンは、王立造幣局長官として多額の報酬を得ましたが、イギリス史上最悪のバブルといわれる「南海バブル」（1720年）に巨額の投資をして大損しました。この、ニュートンも踊らされた株価バブルこそが、人々の付和雷同によって資産価格が高騰する現象を指す、〝バブル〟という経済用語の語源です。

稀代の天才ニュートンは、国家通貨を守る立場として活躍しながら、他方で、通貨の裏づけとなりうる金《きん》をつくり出す方法を研究し、当時の新しい金融手法に乗ってカネ儲《もう》けをしようとして失敗しました。

それから約300年の時を経て、いままた、世界中の天才数学者たちが〝現代の錬金術〟に熱中しています。数十年前には、確率微分方程式などの高等数学を駆使した「金融工学」をウォール街（金融市場）に持ち込み、金融取引《とりひき》で巨額の富を生み出す方法を確立したかにみえましたが、アメリカの住宅バブル崩壊とともに、2008年にリーマンショックを引き起こして世界経済を混乱させる原因のひとつとなりました。

入れ替わるかたちで現れたのが、「ビットコイン（Bitcoin）」と呼ばれる〝暗号通貨〟あるいは〝仮想通貨〟です。世界中の天才数学者たちが協力して今回つくり上げたしくみは、まさに「計算作業がそのまま通貨《カネ》を生む」ものです。金融工学のように数学が間接的にカネを生むのではなく、ビットコインでは、数学が直接にカネを生み出します。また、ニュートンが〝死刑の恐怖〟で贋金づくりを防止したのに対し、いまの数学者たちは〝洗練された暗号理論〟で、電子データでできた通貨の偽造を防止します。

そしてビットコインは世界で広まり、各国のマスメディアから強い注目を集めるところまで成長しました。カナダや香港では、ビットコインのATMまで登場しています。日本国内でも、ビットコインで飲食代金を支払える店が出てきました。

ところが、注目度が高まった2014年2月に、当時最大規模のビットコイン取引所だったマウントゴックス（Mt.Gox）が、「預かっていたビットコインのほぼ全額を消失した」と発表して経営破綻《はたん》しました。他の取引所でのビットコイン価格で計算して、500億円近い損失が発生したとされます。

マウントゴックスの破綻はビットコインが消えるきっかけになる、と予感する人もいました。逆に、世間の注目度が増して、問題点が修正されやすくなり、ビットコインのような暗号通貨が発展するための薬になると考えた人もいました。結果が明らかになるには、しばらく時間がかかりそうです。

しかし各国政府は、このイノベーション（技術革新）をどう評価するか、危険な錬金術とみなして抑え込むか、希望に満ちた新ビジネスとしてつき合うかの対応を迫られています。現実には、もっと複雑な対応が求められそうです。中国政府は禁止を選びましたが、データでできた通貨を排除するのは簡単なことではありません。アメリカやドイツは金融資産として、日本政府はモノ（実物資産）として認めることで、課税対象にと考えました。しかし、納税者の協力がない場合、ビットコイン取引への課税はむずかしいかもしれません。

では、ビットコインのしくみは技術的にみて本当に安全なのでしょうか？　いずれ暗号が破られてしまう恐れはないのでしょうか？

そもそも、暗号通貨は、通貨制度としてきちんと成立・安定するのでしょうか？　金などの価値の裏づけがまったくなく、数学（計算）が通貨を生むなんて、詐術《さじゅつ》的ではないかと疑いたくなります。

本書の筆者たちは、この執筆を始める直前まで、ビットコインのような暗号通貨の未来に対して懐疑的でした。ビットコインの存在そのものが、ニュートンがハマった南海バブルと同様に、これまで何度もくり返されてきたバブルのひとつに終わるのではないか、と懸念していたのです。

そうなれば、ニュートンは〝最後の魔術師〟の称号を返上できそうですが、じつは、ビットコインのような暗号通貨は、技術的にみても、経済社会システムのひとつとしても、十分に成立・安定・発展する可能性があると、筆者たちは考えるようになりました。あくまで「可能性」であり、また、暗号通貨が成功した未来でその中心にあるのは、いまのビットコインではなく、改良型の暗号通貨かもしれません。

しかし、キプロスの金融危機がビットコインの人気につながったように、世界経済の動向のなかで、ビットコインを資産運用（投資、投機）対象とみる人が広がる可能性はあります。なにより、もしビットコインのような暗号通貨の利用が一般化すれば、少額の国際決済《けっさい》が簡単になります。これほどグローバル化が進んだ現代でも、３０００円相当の外貨を海外の誰かから受け取ろうとすると、じつはむずかしいという事情があります。手数料が高すぎて、銀行を通じての送金が事実上使えないからです。

つまり、暗号通貨にはニーズがあります。背後に、大きなビジネスチャンスがあるのです。しかし他方で、筆者たちもふくめて多くの人が疑念と不安を抱いています。電子マネー、クレジットカード、プリペイドカード（プリカ）、企業や店が発行するポイント、ゲーム内の通貨などと、ビットコインがどうちがうのかわからないとの声も聞こえます。

かつて大規模な投資詐欺でもちいられた「円天《えんてん》」に似た、いかがわしさを感じる人もいます。マウントゴックスの破綻は、こうした疑念を強めたかもしれません。ビットコインのかなりの部分が犯罪者たちによって保有されている、といった報道が、危険性を強調したからです。

おもしろいことに、経済・金融・社会・会計などの社会科学の専門家のなかには、自分たちには理解がむずかしい「情報（暗号）技術」に不安をもちながらも、経済社会システムのひとつとしては十分に成立すると考える人がたくさんいます。他方で、ビットコインの技術的なしくみをきちんと理解できる理数系の専門家は、技術面を高く評価しながらも、「通貨制度（経済・金融制度の根幹のひとつ）」としての肝心な部分で問題があるのではないかと、疑っていたりします。

お互いに怪《あや》しんでいるのですが、両者の専門部分での意見をあわせると、暗号通貨は意外に優《すぐ》れているのではないかとも思えてきます。もちろん、頭から否定する人たちもいますし、疑念や不安がすべて払拭《ふっしょく》されたわけではありませんが、怪しい錬金術と決めつける前に、あるいは、新しいビジネスチャンスとみて飛びつく前に、きちんと専門的に検討すべき対象だというのが、本書の筆者たちの立場です。

本書は、注目が集まってきたビットコインを題材に、数理暗号・情報技術と通貨制度の両面から、マジメに暗号通貨について考えます。まずは、暗号通貨のからくりをわかりやすく解説し、通貨（貨幣）とはなにかを基本から語り、これらをふまえて暗号通貨の未来を探ってみましょう。

筆者たちは、ビットコインのような暗号通貨の未来は、利用者一人ひとりの考えと行動が積み重なって決まると考えています。ですから、本書で性急な結論を導くつもりはありません。後半では、いくつかの将来像も示していて、専門家の観点からは可能性が高そうにみえる内容ではありますが、結末は予想がむずかしいといえます。

ビットコインの登場は、通貨に新しい選択肢をもたらしましたが、これが通貨として発展するかどうかは、一人ひとりの選択にゆだねられています。「私たちが選ぶ」のです。そのために、ビットコインや暗号通貨について、マジメに知りたい、考えたいという読者が、自分自身で判断するための基礎知識を提供することが、本書の目的です。

なお、情報技術面の執筆は西田宗千佳が、経済面の執筆は吉本佳生が担当しました。異なる専門分野の共著者による本書が、うまく一冊の本にまとまっているとしたら、それは講談社ブルーバックス出版部の倉田卓史副部長のご尽力の賜物です。ネガティブな評価も強く残るビットコインの出版企画を、リスクを覚悟のうえで引き受けていただいたこととあわせて、深く感謝いたします。

暗号が通貨《カネ》になる「ビットコイン」のからくり　もくじ

contents

第1章

ビットコインとはなにか？ なぜ生まれたのか？

――ハッカーの遊びから生まれた〝少額決済〟の解決策

危なそうにみえるビットコインが、世界中で注目されるのはなぜでしょうか。通貨や金融の新しいテーマは投機の対象として儲かりそうだ、と感じた人たちがたくさん取引に参加しているのはたしかです。そのために価値が急騰し、株や不動産のバブルに似た状況が起きて、ときに急落したりしながらも、資産運用対象としての関心がさらに高まりました。

しかし、それだけで注目されているわけではありません。

現代では、紙幣や硬貨の発行は国家が独占しておこなうのがふつうです。ですから、もしビットコインが怪しい儲け話にすぎないのなら、世界中の国家がさっさと禁止したはずです。実際に禁止と決めた国もありますが、なんらかの制約条件をつけるものの、ビットコインの取引を認める国が増えています。日本政府も「実物資産（モノ）」として取引を認めました。

電子情報（データ）を実物資産とみることには違和感がありますが、要するに、取引は認めるけれども、通貨や金融資産としては認めないということです。日本では、金融庁よりも、経済産業省のほうがビットコインに対して積極的だ、と考えてもいいでしょう。

国家権力のひとつである独占的通貨発行権を脅《おびや》かすビットコインの取引を認める国があるのは、自国の経済を発展させるのに使える大きな可能性を、ビットコインのなかにみているからです。では、ビットコインとはなにか、ビットコインがなぜ期待されているのかを、本章で解説しましょう。まずは、基本的な疑問に答えておきます。

Q ビットコインとは？

A ネットワーク上に存在する「暗号通貨」です。日本の報道では「仮想通貨」と表現することが多かったのですが、暗号でコピー（偽造）を防ぐことで、電子データを通貨として流通させることが根本にありますので、暗号通貨と呼ぶほうが適切です。

どんな暗号が使われているのかについては、第3章で解説します。

Q ビットコインはどんな「形」をしている？

A リアルな硬貨や紙幣としては存在しません。データとして、コンピュータの中にのみ存在します。ただし、保存用として「紙」に印刷した「ペーパーウォレット」をつくることができます。ペーパーウォレットは、銀行のキャッシュカードと暗証番号を一緒に記録したようなものなので、他人に盗まれたり見られたりすると、手持ちのビットコインを盗まれる可能性があります。「ビットコインATM」も存在しますが、このATMから出てくるのは硬貨や紙幣ではなく、通常はペーパーウォレットです。

Q 1ビットコインは、米ドルや日本円でいくらに相当するの？

Ⓐ 交換レートは固定されていません。ドルとの間の円相場や、株価が日々変動するのと同様に、取引状況によって変動しています。2014年3月現在の交換レートは、1ビットコイン（BTC）＝約640ドル＝約6万4000円でした。

Q どうすれば入手できるの？ そのあと、どうやって円やドルに戻すの？

Ⓐ たいていの場合、「取引所」「換金所」などと呼ばれる場所で、円やドルを支払ってビットコインを入手します。ビットコインを円やドルに戻すのも、取引所でおこないます。

ビットコインの価値は、世界中の人たちが少しずつ生み出してきたもので、この行為を「マイニング（採掘）」といいます。ですから、自分でマイニングして入手することもできます。この点についてはあとで解説します。
また、取引所とビットコインの関係には注意が必要です。これもあとで述べます。

Q 小銭に相当するものはあるの？

A システムで規定すればいくらでも細かく分割できますが、現状は1億分の1（0・00000001BTC）までが規定されています。実際には、1000分の1（0・001BTC）や1万分の1（0・0001BTC）ごとに利用されている場合が多いようです。

Q 誰が考え出したの？　誰がつくったの？

A「中本哲史《なかもとさとし》」と名乗る人物が執筆した論文を元に開発されましたが、中本氏の正体などには諸説あり、現状では「不明」です。論文執筆以外のシステム開発に関わったかどうかも不明です。現在運用されているシステムは、中本論文を読んだ市井《しせい》の技術者がそれぞれ開発したもので、どこかの組織や企業が管理してつくり出したものではありません。

Q ビットコインに似たものはつくれないの？

A 類似の発想でつくられた暗号通貨が数多く存在しています。しかしどれも、取引量などはビットコインほど多くありません（2014年4月現在）。ビットコインに似た暗号通貨が発展しそうかどうかについては、第4章で考えます。

Q ビットコインはなにに使うの？

A 一般的な通貨（貨幣）と同じく、なんにでも使えます。ただし、買い物などの支払《しはらい》に使うには、相手が受け取ってくれることが前提になります。2014年4月の状況でいうと、投機目的で入手して保有している人が目立ちますが、ネットサービスの利用料金や寄付目的で利用する人もたくさんいます。ごく一部のカフェなど、現実の店舗での支払に使える例もあります。

Q 電子マネーやポイントサービスとどこがちがうの？

A そもそも、電子マネーと呼ばれるものにはいろいろな種類があり、ビットコインと比較することが適切な場合と、不適切な場合があります。このあたりは、すぐあとで説明します。家電量販店などが発行するポイントは、通貨とみなせる性質をもっています。

国家が発行する紙幣や硬貨、企業が発行するポイントのように、「どこかが管理する通貨」とは異なり、ビットコインは、インターネットに広がる個人のパソコンをつないで構成される「ピア・トゥー・ピア（P2P）ネットワーク」によって、価値が保証されます。これが最大のちがいです。

価値や利用形態を管理しようとする発行元が存在しないので、みんながどう使うかだけで、価値などのいろいろな性質が決まります。

Q ゲーム内貨幣とはどこがちがう？

A ゲーム内貨幣は、ゲームメーカーが管理して生み出すものです。ビットコインは、そのマイニング（通貨としての発行）を誰も管理していません。

Q 複製や詐欺の危険はないの？

Ⓐビットコインそのものの複製は困難です。しかし、その流通や換金の過程で関わるサービスの瑕疵《かし》によって、詐欺や盗難が発生する可能性はあります。暗号は強固ですが、通貨として使うためのしくみ全体の信頼性にはまだ、十分に担保されていない要素があるのです。その実例として、２０１４年2月にビットコインの名前を一気に日本中に広める契機となったのが、ビットコイン取引所のひとつである「マウントゴックス」の破綻でした。56ページの「対談コラム1」できちんと説明しましょう。

Q 通貨と貨幣のちがいは？

Ⓐ日本語の「貨幣と通貨」、英語の「moneyとcurrency」はほぼ同じ意味で使われますが、異なるニュアンスで使われることもあります。通貨、currencyには、「制

度として成立している」という意味がふくまれやすく、貨幣、moneyは、もっと広い意味で、あいまいな感じで使われやすい言葉です。

関連表現もまとめておきます。くだけた表現の「おカネ（お金）、カネ」は、通貨・貨幣だけでなく、金融の要素もふくめた概念として使われやすく、文脈によって異なる意味で使われていることが多いので注意が必要です。「資金」は、金融の要素のほうが強い言葉ですが、通貨を指すこともあります。「資本」は、金融の要素に、生産活動に投入される生産要素としての資金や、その資金が機械設備などの生産要素にかたちを変えた状態も指します。

通貨（貨幣）のことを「流動性」と呼ぶこともあり、これは重要なポイントになります。金融リスクのなかに「流動性リスク」と呼ばれるものがあります。金融用語としての流動性は、もともと、決済に使いやすいかどうかを示すもので、決済にいちばん使いやすい現金や決済性預金（普通・当座預金）へと換金しやすいかどうかを示す言葉です。金融資産や不動産などの資産であれば、市場での取引量の多さが流動性につながります。

じつは、政府の統計でも、金融市場などでの流動性が高い資産は通貨とみなされています。資産を取引する市場での流動性は、政府が保証するものではないので、なんらかの資産が通貨となるかどうかを決めるのは、政府ではありません。

政府がなにを統計上の通貨として認めるかは、政府が主導して決めているのではなく、実態にあわせて追認しているというイメージで理解してください。つまり、現実に多くの人が貨幣として使うようになると、それだけで通貨といえるのです。

こんな事情があって、通貨と貨幣は現実にはほぼ同じ意味で使われます（政府の統計でも、経済学のテキストでも、ほぼ同じ意味で使っていることが多いのです）。そのうえで、統計上で通貨にふくめるかどうかは、その残高を把握しやすいかどうかで判断されやすいのが実状です。

なお、本書では「ビットコインは通貨（貨幣）である」という前提で話を進めます。なぜそうみるかは、あとの第2章で解説します。また、通貨・貨幣と関わりが深い言葉として「金融」がありますす。これも、きちんとした意味は第2章で説明します。とりあえず、広い意味でのカネの貸し借りが金融であるとして、話を進めましょう。

Q

ビットコインは、他の通貨や、クレジットカードなどの各種カードや、企業が発行するポイントと、経済的にどう同じで、どう異なるの？

Ⓐ この比較はとても大切ですから、少し長くなりますが、ていねいに説明しましょう。

ビットコインについて論じるときには、過去から現在まで通貨として認められ、使われてきた各種通貨との比較で、できるだけ相対的に評価することがポイントになります。このあと本書全体でていねいに説明しますが、現実には完全な通貨など存在せず、どの通貨もかなり不完全です。ビットコインに固有の問題点、暗号通貨に固有の問題点、いろいろな通貨に共通する問題点を分けて検討する意識をもってください。

現代の経済統計では、「現金（紙幣・硬貨）」と「預金（当座・普通・定期預金など）」の2つが主な通貨で、それ以外にも、国債など、いくつかの金融資産は通貨としての機能をもっているとみなしています。なお、これは通貨の具体的な〝形態（価値の器）〟の話で、国債や外債などの証券も、広い意味では通貨の統計にふくまれています。他にも、国債と同じ考え方で通貨にふくめられる金融資産はありそうです。たとえば、先物などのデリバティブ（金融派生商品）も、通貨にふくめていいかもしれません。

プリペイドカードにチャージされた金額、企業発行のポイント、切手などは、特定のモノあるいは店での決済用資金を前払いして保蔵しているかたちになっていて、企業のポイントはその前払いを企業側がやってくれている点が異なりますが、ここでは無視します。入手の経緯は、通貨かどうかの判断に直接は関係しないからです。

ここまでの話を図表1－1で整理しています。ポイントや切手は「プリペイド型」にふくめています。ただし、さまざまな店舗と提携している交通系プリペイドカードのように、一般的な決済に使えることが通貨としての条件となります。切手は、昔からいろいろな通信販売の決済に使われることがありますから、通貨にふくめてもいいでしょう。

かつては、金貨や銀貨のように「金属などの実物資産」が通貨でした。日本政府は、ビットコインを実物資産（モノ）として扱うとしていますが、通貨と認めているわけではありません。

ビットコインは、形態としては電子情報で、金融資産ではありません。他方で、預金・国債・株などの金融資産が電子情報になっていますから、これらと区別するために、ビットコインの形態を「非金融・電子情報」と分類しています。多くの人が〝仮想通貨〟とか〝暗号通貨〟と聞いてイメージするのは、この非金融・電子情報形態の通貨でしょう。本書では、「暗号通貨」の呼び名を基本とします。

他方で、円建て、米ドル建て、ユーロ建てのように、価値の〝単位（尺度）〟としてどの通貨を選んでいるかも区別すべきです。たとえば、円建て通貨（たとえば預金）を米ドル建て通貨に変えたいときには、ただ表示だけを変えるのではなく、外国為替市場で米ドル建て通貨と交換する必要があります。ですから、通貨の単位のちがいは重要です。

図表1-1　通貨の単位別かつ形態別の分類

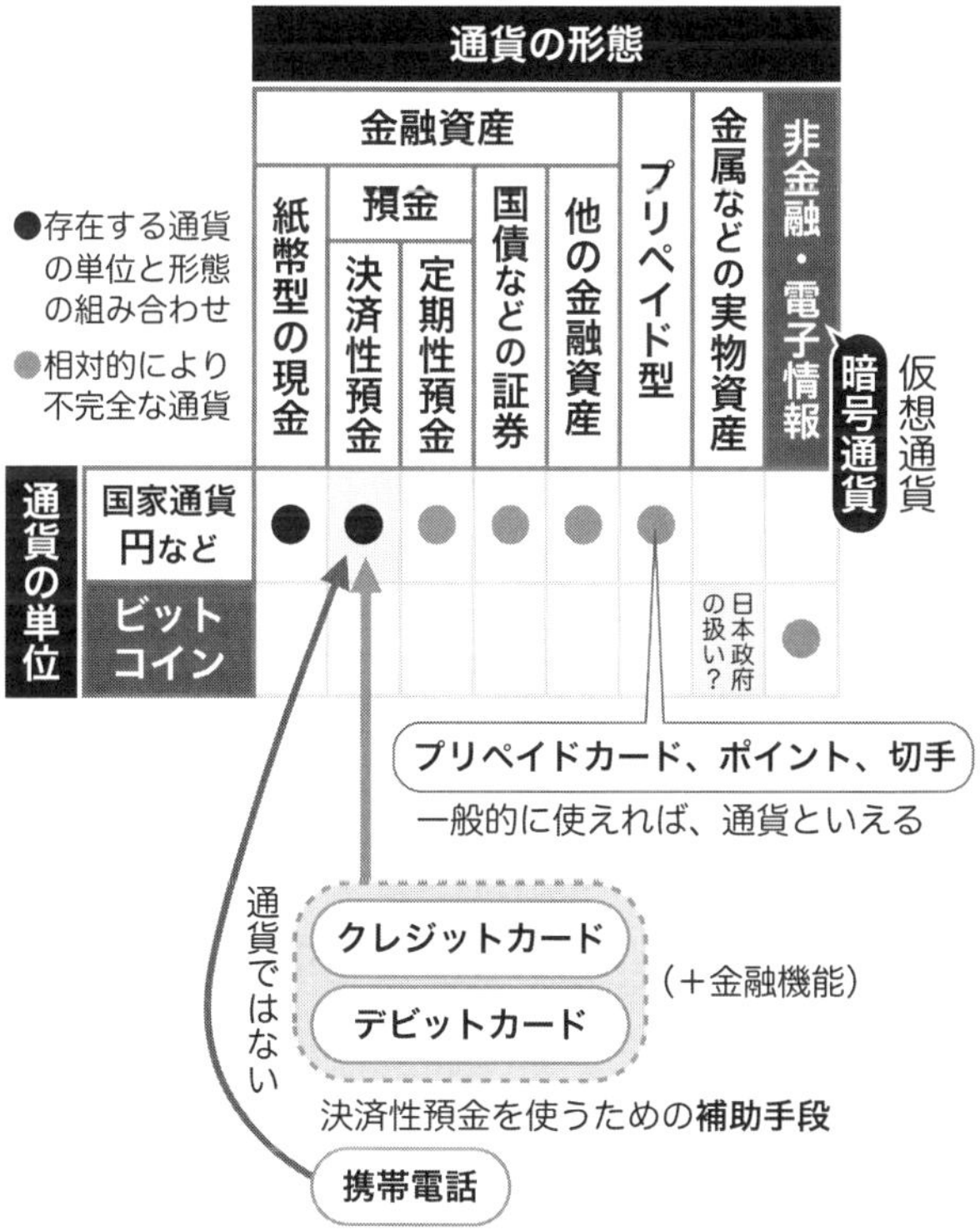
通貨の形態
金融資産
紙幣型の現金
預金
決済性預金
定期性預金
国債などの証券
他の金融資産
プリペイド型
金属などの実物資産
非金融・電子情報
暗号通貨
仮想通貨
●存在する通貨の単位と形態の組み合わせ
●相対的により不完全な通貨
通貨の単位
国家通貨円など
ビットコイン
日本政府の扱い？
プリペイドカード、ポイント、切手
一般的に使えれば、通貨といえる
通貨ではない
クレジットカード
デビットカード
（＋金融機能）
決済性預金を使うための補助手段
携帯電話

ビットコインは、円や米ドルのような国家通貨とは異なり、新しい単位です。ビットコイン以外のどの通貨とも異なる単位の、かつ、非金融・電子情報の暗号通貨です。なお、現金と預金のどちらに近いかといえば、ビットコインは現金タイプの暗号通貨だといえます。現金とビットコインは完全な〝匿名性《とくめい》〟をもっている点で共通しているからです。

図表1－1では、経済学の教科書でも政府の統計でも、明確に通貨と認められているもの（表中では黒丸）と、それらよりは不完全な通貨（表中ではグレーの丸）を区別して、通貨の分類を示しています。

預金にはたくさんの種類があり、普通預金や当座預金は「決済性預金」と呼ばれ、すぐに決済に使えます。他方で「定期性預金」は、原則として満期まで決済に使えません。ただ実際には、解約をするなどして決済に使えますから、通貨としています。

定期性預金のように、ひと手間かければ換金できるものは、現金や決済性預金よりも不完全な通貨ではあるものの、通貨とみなすのが、政府の統計上の原則です。だから論理的には、ビットコインも通貨として認められるべきですが、通貨発行権を独占したい政府がビットコインを通貨単位と認めたくないのも自然なことでしょう。

さて、ビットコインのことはしばらく忘れて、各種カードについて整理します。従来からあるクレジットカード、デビットカード、プリペイドカード、ポイントカードは、通貨形態の話として分類すべきです。

ただし、クレジットカードとデビットカードの2つは、そもそも通貨ではありません。クレジットカードは、かつてプラスチックマネーと呼ばれたことがありますが、じつは通貨になりえません。「クレジットカードで決済」とか「デビットカードで決済」という表現をよくしますが、本当は、これらのカードだけでは決済できません。引落《ひきおとし》口座に指定されている預金口座から買い物代金が引き落とされてこそ、決済が完了したといえるからです。

クレジットカードもデビットカードも、預金という通貨で決済をするときの補助手段でしかありません。キャッシュカードが、預金を現金のかたちで引き出すための補助手段であるのと同様です。

なお、クレジットカードは、買い物の代金が預金口座から引き落とされるまでの日数、金融の機能（お金の貸し借り）をふくみます。デビットカードではすぐに預金口座から引き落としますので、消費者側からみると、金融の機能はありません。それでも、お店の側にはまとめて支払われるとなると、金融の機能が少しはふくまれます。

預金決済の補助手段は他にもあり、ネットで買ったモノの代金を「携帯電話」の料金と一緒に預金から引き落とすやり方も、日本では広く普及しています。アフリカでは、携帯電話を使うやり方が決済の主流になっています。

他方で、プリペイドカードやポイントカードは、チャージされた金額やポイント残高で決済できますから、いろいろなモノが買える交通系プリペイドカードやＴカード（ＴＳＵＴＡＹＡが発行するポイントカード）の残高は、通貨そのものです。

ではこれらのカードで、通貨単位としてのビットコインが使えることはあるのでしょうか。この点については、最新の動向をあとで紹介します。このあたりの話もふくめて、ビットコインがどうして大きな期待を集めているのかを、順を追って説明しましょう。

「振り込めない詐欺」にみるネットの可能性と限界

ビットコインは「きわめて低コストかつ簡単な決済手段」です。理由については、経済面を第2章で、情報技術面を第3章で解説します。ここでは、ビットコインの性質を前提に、きわめて低コストかつ簡単な決済手段が提供されると、どんな世の中になるのかを考えます。まずは、ひとつの言葉の意味を知るところからはじめてみましょう。

日本のネットコミュニティ、特に「ニコニコ動画」や「2ちゃんねる」といった、カジュアルなコミュニケーションが信条である場には「振り込めない詐欺」という言葉があります。いうまでもなく「振り込め詐欺」にひっかけた冗談です。

ネットでは、いろいろな人が自分の作品やアイデアを公開しています。その多くは、私人としておこなわれた無償のものです。クオリティ面では玉石混交なのですが、それでも、作品の絶対数が多いぶん、感銘を受けるすばらしい作品も数多く存在します。

すばらしい作品には「報酬」を払いたくなるもの――いい音楽を聴いたら買いたくなる、街頭でいいパフォーマンスを観たら「投げ銭」を支払いたくなる、というのは自然な感情です。しかし、ネットではそうはいきません。作品を公開している人の多くは、それを「匿名」でおこなっています。自分の顔や名前を公開している場合であっても、連絡先や銀行の口座番号といった、支払をおこなうために必要な情報は公開されていません（個人情報ですから当然ですが）。公園などでおこなわれる大道芸ならば、気軽に「おひねり」を渡せるのに、ネットではそれができないわけです（図表1－2）。

支払いたい気持ちが盛り上がっているのに、どうやっても支払えない――。この状況を、ある種の尊敬の念をもって「振り込めない詐欺」と呼んでいるわけです。

状況だけをみれば冗談のような話ですが、ここには、ネットの本質が現れています。

第一に、ネットはそれまで関係をもたなかった人々の間を、お互いがどこにいるかに関係なく、時間と距離の壁を越えてつなぐということ。世の中にはプロ、アマを問わず、非凡な能力をもった人々が数多く存在します。よい作品や技術と、それをつくる人が世に出るきっかけは、ネ

図表1-2　振り込めない詐欺

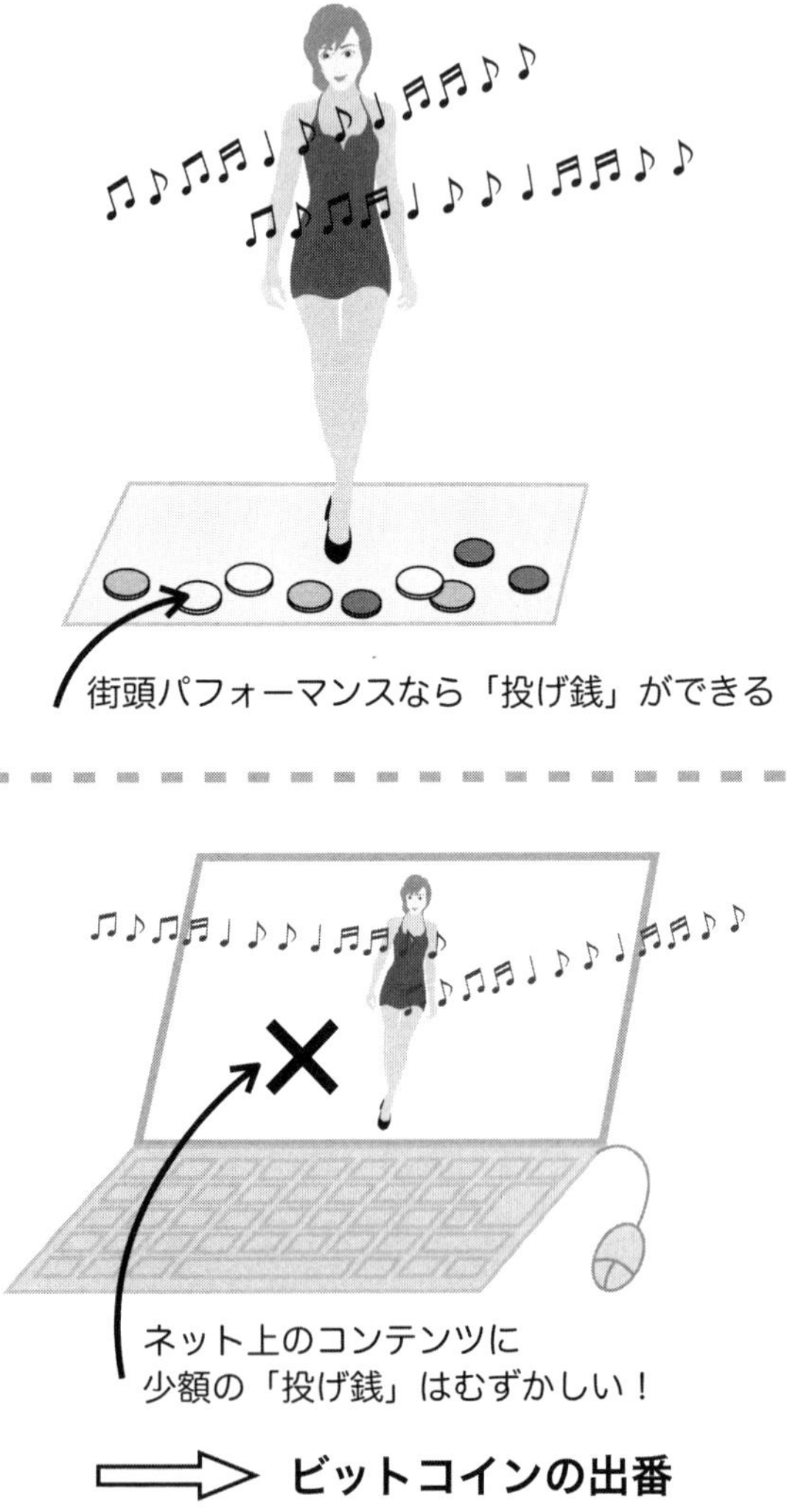
街頭パフォーマンスなら「投げ銭」ができる
ネット上のコンテンツに
少額の「投げ銭」はむずかしい！
ビットコインの出番

ットの登場によって劇的に拡大しました。

第二に、個人同士を結ぶ場合、セキュリティが壁となる、ということです。不特定多数へと、簡単に情報を公開できるようになった一方で、個人を特定するための情報も、同様に公開が容易になりました。報酬を得るために必要な情報は、さまざまなかたちで悪用が可能なものでもあります。自分の情報を秘匿しつつ決済をおこなうには、信頼できるシステムの介在が不可欠です。

人が直接会う場合、「支払う」ことはとても簡単です。現金を直接渡すだけですむからです。現金は、誰がどう使っても現金ですが、離れた場所にいる人同士で決済をおこなおうとすると、とたんにむずかしくなります。

ネットが拓《ひら》く新たな可能性とその限界は、「振り込めない詐欺」というたったひとつの言葉で表すことができるのです。

「払えない」ことがネットを進化させた

決済をスムーズにすることは、市場を確実に拡大します。インターネット商業化の歴史は、決済の歴史でもあります。本書で取り上げたビットコインとそれに類似するものも、決済手段として使えるから「暗号通貨」や「仮想通貨」と呼ばれるのでした。

なぜそこまで決済が重要なのか？　それを知るには、インターネットが商業化し、ビジネスの場として広がっていく過程まで戻る必要があります。

１９９０年から１９９５年くらいまでの間で、インターネットは学術目的の存在から、急速にビジネス基盤へと姿を変えていきました。その核になったのは、「ウェブ」ことワールドワイド・ウェブ技術の発明です。文字や写真などをレイアウトし、誰もが簡単に扱えるようにしたことで、ネットの価値は劇的に高まりました。１９８０年代には、広く情報を流通させるためのコストはずっと大きなものが必要でしたが、ウェブの登場によって、そのコストは劇的に下がったのです。

当初は品質や処理速度の問題もあり、ウェブが印刷物やテレビの代わりになる……という意見を冷ややかにみるメディア関係者も少なくありませんでした。しかしそれから20年、ウェブがテレビや印刷物に肩を並べるメディアであることに、異論を挟む人はいないはずです。

しかし、ウェブでコンテンツを流通させてビジネスにする方法に着目すると、その手法は驚くほど画一的であることに気づきます。どれもほとんど、広告から利益を得ているのです。

ネットコンテンツが広告収入を軸におこなわれることになった理由は単純です。それがもっとも確実な方法だったからです。

ウェブが登場したとき、「この上でコンテンツを売ってビジネスをしよう」と考えた人は大量にいました。しかし、アダルト関連などごく一部を除き、一つひとつのコンテンツに課金するかたちのビジネスは、うまくいきませんでした。記事1本単位、動画1本単位といった細かな決済をうまくおこなう手段がなかったからです。一つひとつのウェブや動画の製作には当然コストがかかっていますが、1本単位だと高い金額をつけるわけにもいきません。他方で、100円、200円といった小さな額を決済するには、いろいろと問題があります。

もっとも汎用性の高い決済手段はクレジットカードですが、もともと数千円以上の決済のためにつくられたシステムであったため、あまり小さな額の決済には向いていない、という欠点があります。100円、200円といった決済をするには、決済時にかかる手数料が大きいこと、利用者側の手間もリスクも大きいことなどがその理由でした。現在はこうした問題点はある程度緩和されてきていますが、2000年頃までは「クレジットカードでのコンテンツ決済は分が悪い」という見方が主流でした。

確たる決済手段が存在せず、デジタルコンテンツにお金を払ってもらえるかどうかも明確ではない――。そんな中で生まれたのが、広告をウェブの中に貼って、それをみてもらうことで収益を得る手法でした。これは、テレビの民間放送がCMで運営されていることと同じようなビジネスモデルだといえます。決済が介在しない気軽さと、ネット利用者が拡大傾向にあったことが相まって、広告モデルは大きな成功を収めました。現在も、ネットコンテンツの大半は広告収入で運営されています。

しかし、広告だけでは限界があります。広告だけがビジネス基盤である場合、メディア価値は集客量で決まります。一方で、自らの取材や製作活動は最低限に抑えたうえで、他メディアなどの見出しや概要などで集客力を高め、収益だけを狙う「二次利用型のメディア」も多く生まれています。自らの利益がそれら二次利用型メディアに吸われ、コンテンツ製作の余力を失うのでは……？　そうした懸念は根強く存在します。特に、人々の興味がネットコンテンツに流れ、売り上げが下がりはじめた雑誌・書籍・新聞・テレビなどの世界の人々は、「目減りした分が広告費だけで埋まるだろうか」と不安を感じています。

「決済」を握る者がネットを制す

私たちは現在、スマートフォンやタブレットでさまざまなアプリを楽しんでいます。その中には、有料のものもあるでしょう。ｉＰｈｏｎｅやｉＰａｄを販売しているアップルは、２００８年7月から２０１３年10月までの約5年間で、１３０億ドル（約１・３兆円）を、ｉＰｈｏｎｅ／ｉＰａｄ用アプリの開発者向けに還元した、と発表しています。アップルはアプリへの支払額のうち7割を開発者に支払う契約を取り交わしていますので、アプリ全体の売り上げは１８５億

7000万ドル程度（約1・9兆円）になるでしょうか。

巨大な市場です。これだけ大きな市場になっているのは、アップル製品の魅力もさることながら、アプリを購入するための決済が簡単だからです。アップルは「iTunes Store」という、アプリ・音楽・映像・書籍を統合したオンラインストアをもっており、すべてをひとつのIDで決済できます。一度登録してしまえば後の決済は楽なので、ネットでコンテンツを買うときには、まずアップルを念頭に置く人が増えたわけです。

同様の成功を、より拡大したかたちで実現しているのが通販大手のAmazonです。いわゆる「モノ」を買うための通販として使う場合が多いのですが、現在はデジタルコンテンツの配信にも広がり、特に電子書籍では、日米でトップシェアとなっています。

意外に思われるかもしれませんが、書籍の量や読みやすさ、画質の面で、Amazonはトップではなく、他社より劣る部分があります。しかし、通販でのシェアを背景にした「買いやすさ」と「信頼感」では図抜けた存在です。結果、多くの人が「電子書籍といえばまず最初に思い浮かべる」のがAmazonであり、シェアトップになった……という背景があります。

日本でも「決済」を軸に成功したサービスがあります。1999年に登場し、スマートフォンが定着する2010年頃まで市場を席巻した「iモード」です。「着うた」やゲーム、ニュースサービスなど多くのコンテンツが販売されており、最盛期である2007年頃には、NTTドコモに年間2000億円ものｉモードコンテンツからの情報料が支払われていました。ＫＤＤＩやボーダフォン（当時。2006年3月に買収され、現ソフトバンク。2001年まではジェイフォン）も同様のサービスを展開していましたから、日本全体ではさらに大きな市場だったと考えていいでしょう。

ｉモードなどが成功したのは、その集金システムに秘密がありました。携帯電話の利用料金とコンテンツの料金を一緒に支払える「キャリア決済」と呼ばれるしくみが、非常に有効に働いたのです。日本は欧米に比べてクレジットカードが普及しておらず、ネットでの決済も面倒でした。キャリア決済であれば、クレジットカードをもたない人でも、気軽に利用することが可能です。しかも、携帯電話の電波がつながるところであればどこでも、4桁のパスワードを入力するだけで使えるという簡便さでした。スマートフォン主流の現在になっても、手軽さという点では、ｉモード時代にかないません。

これらの例でおわかりのように、「決済」を握ることは、インターネット上でビジネスを成功させるうえで、非常に大きな影響力をもちます。たとえば、通販大手の楽天は、Ａｍａｚｏｎの後を追うように電子書籍市場に力を入れていますが、その理由もまたＡｍａｚｏｎとまったく同じです。通販を通してすでに多くの人が利用している「決済」を握っているなら、今後デジタルコンテンツ流通の世界で大きな影響力を発揮できるのはまちがいないからです。

しかしそもそも、なぜスマートフォンや電子書籍では「コンテンツへの課金」が成功したのでしょうか？

パソコン上のウェブは、誕生したときからずっと「無料」「広告ベース」が基本でした。そのため、有料でコンテンツ配信をやろうとしても、「なぜいまさら」といわれてしまいます。しかし、携帯電話のように「パソコンとはちがう新しいデバイス」であったり、電子書籍のように「ウェブとはちがう新しいメディア」と思われているものならば、話は別です。

少額でも利益率を確保しやすい課金・決済システムを用意したうえで「新しい世界である」とアピールしていくことで、パソコン上でのウェブでは成功しなかった「ネット経由で配信するコンテンツで、きちんと収益を確保するビジネスモデル」が成立する——多くの人がこう考えたからこそ、先に挙げた新しいプラットフォームは成功しつつあります。要は、「いかに多様な支払方法、すなわち決済手段を人々に許容してもらうか」が、すべての根幹にあったのです。

現在、デジタルコンテンツへの支払の世界は、さらに変化しはじめています。これまではひとつの作品ごとに決済するものが基本でしたが、「月額固定料金の範囲内ならば、見放題・使い放題」のサービスが増えてきました。映像配信の「Ｎｅｔｆｌｉｘ」は、アメリカを中心に４０００万の加入を達成していますし、スウェーデン発祥の聴き放題型音楽配信サービス「Ｓｐｏｔｉｆｙ」は、有料会員だけで全世界で６００万人以上を集めています。日本でも、ＫＤＤＩが展開

図表1-3　月額制なら決済も簡単

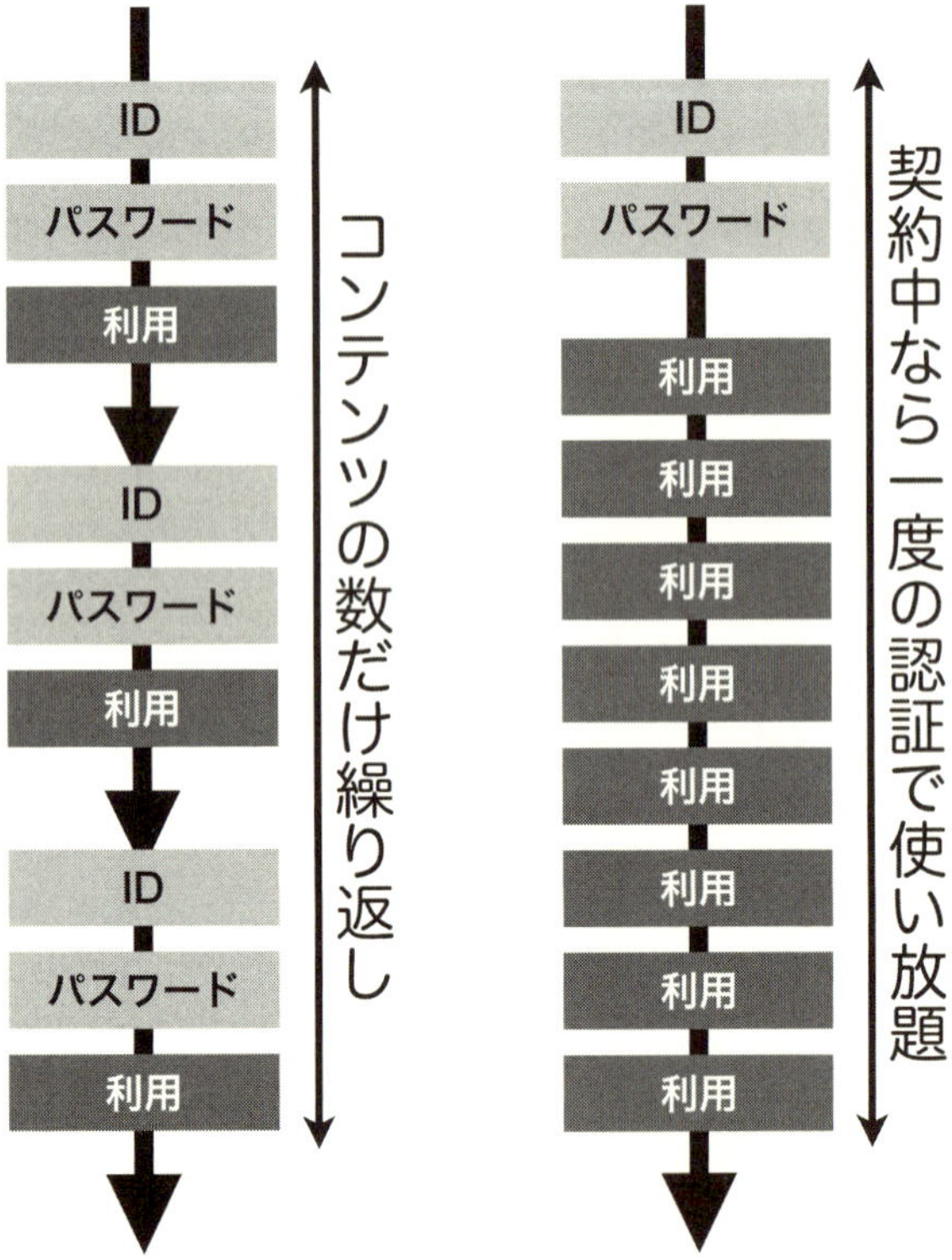

しているスマホ用アプリ使い放題サービス「ａｕスマートパス」の契約者は１０００万人を超えます。日本テレビはアメリカ発祥の月額制映像配信サービス「Ｈｕｌｕ」を買収・完全子会社化し、映像配信ビジネスを本格化させました。

月額料金制は、コンテンツを売る側の視点に立つと、一見不利に思えます。しかし実際には逆です。コンテンツを使うたびに決済処理をする必要がなくて簡単であるため、利用される量はむしろ増えます（図表１－３）。「支払のハードル」がさらにビジネスのかたちを変えようとしています。

中核はクレジットカードだった

これだけの可能性があることから、多くの人々がインターネット創生期から「決済」に着目してきました。そのため、ネットビジネスが本格化し始めた１９９４年頃には、すでに「仮想通貨」ビジネスの議論も存在していたのです。ビットコインが大きな話題になったこともあり、ごく最近に生まれた言葉のようにも思えますが、実際には、仮想通貨はネットとともに発展してきた概念、といってもいいでしょう。

仮想通貨専門のベンチャーは雨後《うご》の筍《たけのこ》のように現れては消えていきましたし、銀行が「個人決済専用のしくみを整える」という話もありました。インターネットのビジネス基盤化とは「いかにおカネを支払えるようにするか」であり、その中で既存の現金は、あまりに不自由な存在でした。しかし、現実問題として「別の通貨をつくる」試みはほぼすべて潰《つい》えて、ネットビジネスの主軸は広告による無料モデルになりました。

そうした、さまざまな試みの中核につねに存在し、かたちを変えながら適応してきたのが「クレジットカード会社」です。今日的《こんにちてき》なシステムが生まれてからすでに60年以上が経過しており、普及度の点でも影響力の点でも図抜けていたからです。

現在、その状況は変わらないどころか、さらに強化されているようにみえます。クレジットカード会社自身がネット決済に対応するために自らを「フィット」させていったことが大きいでしょう。その過程で、決済コストの大きさも、決済スピードの問題も解決に向かい、決済の安全性を担保するための「不正利用対策」も進化しました。

クレジットカードの本質はカード番号です。契約者の氏名や有効期限などは、決済の安全性を高めるための付加情報でしかなく、カード番号や氏名といった、ほんの少しの情報をやりとりするだけで買い物がおこなえます。

その手軽さが強みである一方、盗難された情報による不正利用も容易になってしまいました。クレジットカード会社は当然、暗号技術によって情報を守ろうと配慮しています。しかし、暗号とは別の部分に起因する不具合や、悪意のある人間が介在した「情報の持ち出し」など、さまざまな原因によってクレジットカードの不正利用は増え続けています。特に増えたのが、少額な決済をくり返し、利用者に気づかれにくいようにお金をかすめ取る行為です。

カード詐欺はネットのあるなしにかかわらず増加傾向にありますが、ネットが介在することで、そのスピードは加速しました。クレジットカード会社には現在、膨大な顧客の決済情報から「その人がふだんおこなわない種類の決済行動」を監視し、警告に基づいて決済を止める……などの処理をおこなうしくみが広がっています。その精度はかなり高いものであるようで、筆者（西田）も何度か救われたことがあります。

クレジットカード会社は、そうした水際対策に加え、悪用に対して保険的な費用を準備し、正当にカードを利用している顧客に直接的な不利益が生まれないようにしています。「不正ができないシステムを目指す」のではなく、「不正があってもそれをカバーできるシステムにする」ことが、クレジットカードというシステムの本質であり、強さです。

他方で、そうしたシステムの維持・改善にはコストがかかります。クレジットカードを使い続けるかぎり、私たちはそうした決済コストを負担し続けなければいけません。

リアルの世界も「脱現金」

ネットを介した「現金を使わない決済」は、いまだ現金決済ほど気軽なものではありません。しかし、現金が介在しないことのメリットが多くあることもまた事実です。そして、IT技術の進化により、そのメリットは「ネットの外」にまで広がりつつあります。

特に、2013年以降に注目を集めているのが、スマートフォンやタブレットをクレジットカード決済端末として使うシステムです。アメリカのベンチャー企業・Squareは、コインほどの大きさの「Squareリーダー」と呼ばれる、超小型カードリーダーを開発しました（図表1-4）。これを差し込むと、ふだん使っているスマートフォンやタブレットで、どこでもクレジットカード決済が可能になります。このシステムを導入することで、店舗の姿は大きく変わります。

注文と決済は、店員が持ち歩くタブレットでおこないます。紙のメニューの代わりにタブレットをみて注文し、決済時も小型カードリーダーにクレジットカードを通して完了です。タブレットからインターネットに接続してカード決済を完了させるため、巨大なレジスターは必要ありません。しかし、決済手段としてはクレジットカード決済に他ならないため、決済速度や安全性は

図表1-4　スマホで決済する「Square」

クレジットカードとまったく同じです。

結果として、店舗を始めるために必要な事務機材コストは激減します。実際のところ、机ひとつ・店員ひとりで商売が可能であり、フリーマーケットへの出店に使っているところも少なくありません。また、注文や売り上げはすべて自動的に集計されますから、日々の事務処理の手間も劇的に小さくなります。

取引のたびに、クレジットカード会社との間で決済手数料が発生しますが、口座やシステムの維持にコストはかかりません。カードリーダーも、Ｓｑｕａｒｅに申し込めば無料で手に入れることができますから、イニシャルコストはほとんどないと考えていいでしょう。

ここではＳｑｕａｒｅを例に挙げましたが、同様の小規模決済システムは「Ｃｏｉｎｅｙ」「ＰａｙＰａｌ　Ｈｅｒｅ」などいくつか登場しています。それだけ、小規模店舗ビジネスの「決済」が注目を集めているのです。

現金は確かに手軽に受け渡せます。しかし、どれだけ収入があってどれだけ支払ったのか、ということを確認する手間はバカにならないものです。決済をＩＴ化すれば、機材や事務のコストを減らすことができるため、ビジネス総体の効率は上がります。

消費者側にもメリットはあります。電子マネーを使い慣れると、現金、特に小銭を、いちいち財布から出して支払うのが面倒になります。２０１４年4月1日から、消費税率のアップにともない、鉄道運賃も値上げされましたが、ＪＲ東日本など首都圏の鉄道事業者では、Ｓｕｉｃａなどの交通系電子マネーを利用した際に、運賃が1円単位で請求されることになりました。同一区間に乗車した場合、10円単位である紙の切符よりも安くなる計算です。券売機で1円単位の小銭を扱うのはむずかしいですが、電子マネーならば問題はありません。

交通決済を中心とした電子マネーの利用では、日本がもっとも先進的な環境にあります。海外でも携帯電話などに搭載しようという動きがありますが、決済スピードや信頼性の問題で、日本のものほどすぐに普及する環境にはありません。日本の都市圏の通勤ラッシュに耐えうるスピードと信頼性を、早くも2000年頃に実現できていたことは、称賛に値します。

電子マネーは、店舗へのシステム導入コストや決済に関わる手数料の問題があり、いまだすべての店舗で使えるわけではありません。交通系電子マネーの導入には、数百万円の投資が必要になる場合もあります。そういう意味では、Ｓｑｕａｒｅに代表される小規模決済システムとは、現状では相互補完的な意味合いをもちます。しかし、そこに介在しているのは「技術」の問題にすぎません。店舗における小規模決済の重要度が高まるほど、現在の電子マネーとＳｑｕａｒｅの間を隔てるものは小さくなっていくでしょう。

デジタルコンテンツ需要の増加は、また別の側面から「電子マネー」の需要増加を生み出しています。２０１３年頃からコンビニエンスストアの片隅で、クレジットカードに似たサイズのカードが多く売られはじめています。これらはすべて、ゲームや音楽などのデジタルコンテンツを買うためのプリペイドカードです。

デジタルコンテンツを買う場合の決済は通常、ネットだけで完結します。そのため現状では、決済にクレジットカードを用いる前提でサービスが設計されています。欧米でのカード利用率は、全決済の50％を超えるといわれており、もっとも手軽な決済手段のひとつとなっています。

しかし日本の場合、カード決済の利用率は十数％しかなく、ネット経由で使用することへの心理的な抵抗感も小さなものではありません。またそもそも、クレジットカードをもてない若年層にも、デジタルコンテンツに対する需要は存在します。

そうした需要に対応するには、一定額をまず現金で支払っておき、その中からコンテンツ利用料に充当する、プリペイドカードがもっとも適しています。プリペイドカードは身近な場所で購入できないと顧客を逃がすことになりますから、日本中どこにでもあるコンビニエンスストアとの連携が重要になってきます。

じつは、この流れは日本だけのものではありませんし、デジタルコンテンツに限った話でもなくなりつつあります。

アメリカのコンビニや量販店には、日本以上にプリペイドカードがあふれています。その中には、家電量販店やファストフードの支払に使えるものもふくまれます。それどころか、「クレジットカードの代わりになるプリペイドカード」も登場しています。こうしたプリペイドカードは、クレジットカード大手のＶＩＳＡなどが発行しており、通称「バニラカード」などと呼ばれています。

バニラカードには、クレジットカードと同様にカード番号と有効期限などが書かれており、決済時にはクレジットカードと同じように扱われます。一部の例外を除き、どんな支払にも使えますが、本質はあくまでプリペイドカードですから、チャージした金額分しか使えません。

バニラカードやプリペイドカードが増えている背景には、クレジットカード大国であるアメリカですら、若年層と低所得層を中心に、クレジットカードを避ける人々が増えている、という現実があります。クレジットカードは本質的に「借金を促進する」システムであり、特に2008年のリーマンショック以降、そうした負担を避ける傾向が強まっています。またそもそも、与信の可否に対する評価が厳しくなり、若年層・低所得層にとって逆風が吹いています。日本はクレジットカード利用量の少ない国ですが、クレジットカードを好まない層がいる、という点では、アメリカもまた共通した問題を抱えています。

しかし、クレジットカードによる決済が便利であるという事実はゆらぎません。そこで、決済のしくみは変えず、利用者のプリペイドカードに対するニーズを満たそう……という観点から生まれたのが、バニラカードなのです。

ビジネスの多様化により、決済手段のあり方も変貌をとげつつあります。クレジットカードですらニーズを満たせていない現実があるのです。ここに、ビットコインのような「暗号通貨」が登場する下地が存在します。

「ビジネスサイズ」に生まれる自由度

小さな店舗での決済革命が注目される背景には、世の中の働き方の変化も影響しているのではないか、と筆者（西田）は考えています。

物流やシステムを効率化するうえでは、小さな単位で運営するのは非効率です。特にインターネットの世界では、トップと2位の企業が圧倒的なシェアを確保して寡占状態になることが多く、「集約」が起きることが本質であるようにも思えます。

しかし、それは一面的な見方でしかありません。ITによる効率化は、従来では維持がむずかしかったような小さな組織でのビジネスを可能とします。机ひとつ・店員ひとりでも店舗運営が可能になるのは、Ｓｑｕａｒｅのような小規模決済を助ける技術が生まれているためです。規模を追わず、コンパクトなビジネスのままで運営を続けていくというやり方を選ぶ場合でも、利益率は上げやすくなっています。「拡大を目指さないやり方」も「小さなところからスピード重視で広げていくやり方」も、20年前に比べてずっと簡単になりました。

このことが示しているのは、現在の変化の本質が「集約」ではなく「多様化」である、ということです。

同様のことを、コンテンツ製作と販売を軸に考えてみましょう。

インターネットが登場する以前は、小説でも映像でも音楽でも、世に出るには、なんらかのかたちでマスメディアと関わる必要がありました。そこでは能力はもちろん、運やめぐり合わせも重要です。また、そうした世界で生活していくには、ある程度の「量」を売らねばなりませんでした。物理的な流通の世界には「在庫」が必要です。全国の店舗に流通させるには大量の在庫が不可欠ですし、そもそも、店舗に置かれた在庫すべてが売れるわけではありませんから、その数はさらに膨大なものになります。

現在も、大量の作品を売る「ヒットメーカー」になることが成功の条件であることに変わりはありませんし、ヒットメーカーになるには、数百万、数千万という人々に影響力をもつマスメディアとの関係が重要です。

しかし、オンラインで作品を発表できるようになったいま、条件は変化しました。デジタルコンテンツは物理的な「モノ」をともないません。在庫の必要も、物流もいりません。必要なのは、自分の作品を公開するネット上の場所だけです。

そのうえでどう作品をアピールするのか、という大きな問題はあるにしろ、以前に比べてより低いコストで、自分の作品を求める人に提供できる環境が整っているのはまちがいありません。

このことが示しているのは、ひとりのアーティストが食べていくだけならば、従来に比べてずっと少ない人々に支持されるだけでいい、という事実です。

物理的なメディアをつくって販売すると、製造や販売には多くの人が関わらなければなりません。販売の末端まで考えると、クリエイターひとりに対して最低でも数十人が関わることになります。しかし、物理的なモノをつくらずにネットだけで流通させるならば、宣伝や販売をそれぞれ別の人物が担当するとしても、数人程度ですみます。販売金額が同じならば、ひとり当たりの利益はより大きくなります。クリエイター自身がネットや技術の動向にくわしければ、ひとりだけでやっていくことも（相当に忙しくはなりますが）不可能ではありません。

昔ならば数万、数十万の人々の支持がないと生きていけなかったようなクリエイターも、数千、数万人までの「より自分を支持してくれる人々」との関係を維持するだけで創作活動を続けられます。収入が多様なかたちをとりうるということは、人々に無理を強いることが少なくなるということでもあり、幸せをもたらします。そして、そのようにして生まれた作品からは、また新しいヒットの芽が出てくることでしょう。

ネットで自由に「おひねり」を渡すには

しかし、です。

28ページで述べた「振り込めない詐欺」のことを思い出してください。

ネットで作品を売る方法はいくらでもありますから、自分の名前を前面に出し、クリエイターとして生きていく覚悟ができた人ならば、もはや問題はないでしょう。

しかし、世の中には「クリエイター志望者」も「パートタイムのクリエイター」もたくさんいます。そのすべてがそこまで積極的であるわけではありません。すばらしいものを公開しているものの、それで積極的にお金を稼ぎたいとは思っていない人もいます。

とはいえ、支払ってもらえればうれしいはずです。ネットで自分の作品や発想を公開することは、ちょっとした隠し芸を披露するようなものです。褒《ほ》められればもちろんうれしいでしょうが、誰かがちょっとした「おひねり」「投げ銭」をくれたなら、それはそれでうれしいはずです。

ネットの本質が多様性であり、それが人間の創造性につながっているのであれば、公園で大道芸におひねりを投げるように、なんらかの報酬を送りたい……こう思うのは自然なことです。

しかし、現在ネット上にある多くの決済システムは、「誰から誰に送られたものか」を明確にしなければならないため、投げ銭のようにお金を受け渡すには向いていません。現金のもつ性質のうち、「誰が誰に渡してもいい」という要素が抜け落ちているからです。ネットで「投げ銭」的な送金を実現しよう……という試みは何度もおこなわれてきましたが、これまではうまくいきませんでした。

現状では、匿名であることを維持したまま、自分の作品や主張から利益を得るには、広告のかたちをとるのが現実的です。「自分に賛同してくれた人は広告をみてほしい」とアプローチするのです。アメリカなどでは、そうした「広告による個人へのサポート」もある程度うまくいっています。

しかしそこには「アメリカをはじめとした英語圏には、膨大なネット利用者が存在する」という前提条件が存在します。一般にネット業界では、日本語圏と英語圏の間には、ネット利用者の市場規模で約10倍もの差がある、といわれています。英語圏であれば政治や教育の個人メディアも容易に成立しますが、日本の場合には、デジタルガジェットやエンターテインメント系のように、人目を惹《ひ》きやすい題材以外ではなかなかむずかしいのです。

ここにビットコインのような性質をもつ暗号通貨があったとしたらどうでしょうか? 決済用のIDさえわかっていれば、簡単にお金を送れます。そこには、クレジットカードのような「重い決済負担」は存在しません(図表1-5)。楽しい作品でも、傾聴に値する意見でも、あなたが「支払うに値する」と思えば、対価を支払えるようになります。そして、その結果を知るのは当人同士だけです。

前述した小規模決済システム・Squareは、2014年3月31日に、支払通貨のひとつとして「ビットコインに対応する」と発表しました。そもそも少額・小規模決済と暗号通貨は相性

図表1-5　ビットコインは匿名決済

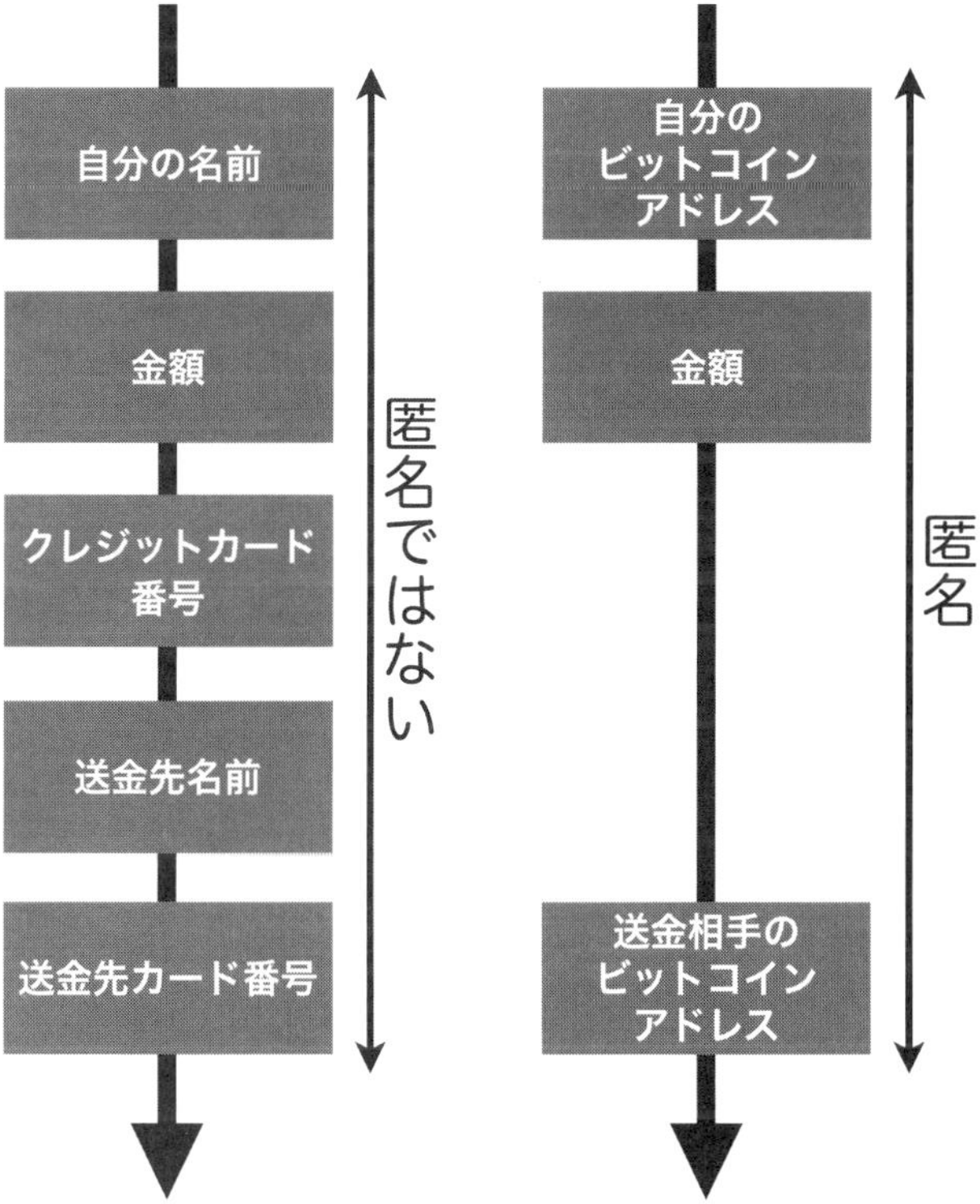

がよく、自然な流れでもあります。

ビットコインは中本論文から生まれ、当初はハッカーの間でのみ使われていました。ネットを介しているにもかかわらず、誰にも縛られることなく、自分が思うままに人に「価値を渡せる」ことは、彼らの夢のひとつでした。そして、初期にビットコインを受け渡された人々はみなその価値を理解していました。換金もままならず、そのままでは単なるデータにすぎないものが、「決済の自由」につながっていることを「自分たちが理解している」事実そのものが、ある種の誇りだったのです。

別のいい方をすれば、ビットコインは〝遊び〟だったのです。子供の頃、メンコで遊んだ経験はないでしょうか。メンコの強い子は大量のメンコを手にすることになりますが、それはある種の「強さと名誉」の象徴でもあります。ときには、メンコがあたかも通貨のようにやりとりされることもありました。そんな「僕たちだけのお金」を、数学とソフトウエア技術を使って、ネットワークの中で実現したのがビットコインであり、それを粋に感じる価値観を、ハッカーたちは共有していた、ということでもあります。

そこから投機的な部分が注目され、現在のようなブームに広がっていったのですが、じつは、論文を書いた中本氏が「巨大な新しい通貨」の実現性を信じていたのかどうか、疑問を感じる部分もあります。中本論文には、ビットコインの基本構造は書かれているものの、実際にシステムを実装するための手法は記されていないからです。

現在、ビットコインと同じような「暗号通貨」はいくつも登場していますが、その多くは、ビットコインの欠点をカバーすることを目的としてつくられたものですが、なかには、2ちゃんねるの有志によってつくられた暗号通貨「モナーコイン」のように、注意事項に「ゲームである」旨が記載されており、存在そのものに「冗談」の要素がふくまれているものもあります。ビットコイン誕生の由来を思うと、モナーコインのような暗号通貨の存在はきわめて自然です。

〝遊び〟のなかで、「ちょっとしたご褒美」にすぎなかったビットコインに代表される暗号通貨が、従来はむずかしかったネットでの少額決済を活性化する存在として、重要なポジションを占める可能性を秘めている点は注目に値します。

このあとの章でくわしくみていくように、ビットコインは暗号通貨として完全なものではなく、今後定着するかどうかもまだわかりません。しかし、ネットを介して生活やコンテンツ製作、評価の「自由」を実現することの価値が今後も不変であるならば、ビットコインのように「誰にも管理されない暗号通貨」の存在が求められるのではないか……。筆者（西田）もそう考えてしまうのです。

対談コラム1

マウントゴックス事件の読み解き方

吉本　冒頭でニュートンが出てきて、どんな方向に話が進むかを心配した読者もいそうですが、西田さんに第1章でデジタルコンテンツとの関係を語っていただいて、われわれがビットコインになにを望んでいるかが、まずはわかってもらえたのではないかと思います。

西田　こちらも、Q＆Aのあとは〝振り込めない詐欺〟の話から始めてしまいました。

吉本　詐欺といえば、日本で本格的にビットコインの話が盛り上がったのは２０１４年になってからという印象です。2月にマウントゴックスが破綻したことで、ビットコインの存在を知る人が一気に増えました。このあたりの経緯を整理していただけますか。

西田　マウントゴックスはビットコイン取引所の最大手でしたから、成長に冷や水を浴びせるかたちになりました。そもそも、マウントゴックスは２０１３年に入ってから、取引や換金についていくつものトラブルに見舞われていました。同年の秋以降はビットコインからドルや円へと換金する際の支払が滞るようになり、２０１４年2月7日、現金への払い戻しがすべて停止されました。

吉本　2月28日には、東京地裁に民事再生法の適用を申請して、破綻した……。

西田　同社には、顧客から預かったビットコインが75万BTC分、自社留保分として10万BTCが存在していたといいます。２０１４年2月末時点の換金レートで約５００億円という、巨額なものでした。

吉本　たしかに巨額ですが、その前年に日本で問題になったMRIインターナショナル事件では、その金額の2倍超の被害が出ています。あれが投資詐欺の疑いが強いことは、２００７年に『週刊ダイヤモンド』の記事で指摘されていて、その記事は私が資料提供をして書いてもらったんです。日本では、金融分野の投資トラブルや詐欺被害がよく起きます。マウントゴックスはどうだったんでしょうか。

西田　ビットコインはほぼすべてなくなっていたと、マウントゴックス側は主張しています。理由は、システムの瑕疵をついての不正な引き出しです。

吉本　そんなに簡単に、取引所を騙せるものなんですか？

西田　技術的にいって、ビットコイン自体は取引の詐称がきわめてむずかしい。しかし、取引所のシステムが堅牢《けんろう》かどうかは、また別の話です。

吉本　ビットコインそのものは〝通貨〟の話であり、その取引所は株式市場や外国為替市場のような〝金融市場〟の話ですから、経済の話としても、両者は分けて考えるべきです。

西田　今回はマウントゴックス側のシステムに瑕疵があり、取引結果を詐称して〝二重引き出し〟

をおこなうことができる状況にあったようです。「時《とき》そば」という落語をご存じでしょうか？

吉本　知っています。そば代を支払うときに時間を聞いて、数えているおカネの数をごまかそうとする話ですね。

西田　マウントゴックスで起きたのは、これに似た詐称です。オンライン取引に対する不正行為としてはかなり古典的なものであり、警戒されてしかるべきものでした。

吉本　そうですよね。

西田　結果的に、マウントゴックス側の対応は不完全であり、本来は存在しない〝ビットコインの不正な引き出し〟が多数おこなわれたとみられています。その結果、マウントゴックスのビットコイン口座からは、どんどん手持ちのビットコインがなくなっていきました。瑕疵は致命的なもので、マウントゴックス側は、誰がどのように不正に引き出したかも把握できていないようです。

吉本　一時は世界のビットコイン取引の７割を占めたといわれるほど、ビットコインの世界では大きな役割を果たしていた取引所が……。

西田　顧客からの預かり金（この場合にはビットコインですが）を保管するための預金口座も、最大で28億円の負債を抱えていたといいます。結果的に、マウントゴックスを利用していた顧客は、ビットコインの形で預けていた自らの資産を失うことになりました。

吉本　西田さんは、なにがポイントだと思いますか？

西田　本質は、取引所を誰が運営しているのか、ということにあります。

吉本　マウントゴックスの破綻で大金——数百万円とか数千万円とかを失った人たちは、ビットコインの暗号の強固さと、資産を預かる取引所としてのマウントゴックスの情報システムの強固さを混同してしまったわけですね。

西田　ビットコインの取引所を運営しているのは、銀行などの金融機関ではなく、IT関連のベンチャー企業です。マウントゴックスも、そもそもは2009年に設立された、カードゲームの希少なカードを有料で交換するサービスが、ビットコイン取引へと業務を変えていった経緯をもちます。

吉本　それが、世界最大の取引所になってしまった。

西田　金融機関以外が取引を担当してはいけないわけではありません。法的な制約の少ない暗号通貨の場合にはなおさらです。しかし、顧客の大切な資産を預かる立場である以上、信頼性はやはり重要な要素です。

吉本　マウントゴックスの主張は信用できるのでしょうか？

西田　いろいろと疑義も差し挟まれています。ビットコインは本当にほぼすべてが失われたのではなく、一部が詐取されたのでは……と考える人もいます。仮に一部だとしても、数百億円が闇に消えたことにちがいはありません。その真偽はわかりません。

吉本　それだけ、ビットコインの匿名性がしっかりしていることの証《あかし》でもありますね。

西田　それでも取引所としては、こうしたトラブルが発生しないこと、運営状況に疑義が差し挟まれる事態に陥らないことが重要です。

吉本　意外に、そういう基本的なことがむずかしいんですよね。本質のところを単純化して整理しましょう。たとえば、2人の代理人YとZが現金と宝物の取引をしようとする。両者とも危険な犯罪組織のボスから依頼されていて、取引を成功させないと命が危険だとわかっています。

西田　映画やTVドラマでよくみかける場面ですね。それで、お互いに駆け引きを考える。

吉本　第一に、取引相手の言動は信用できるのか。もしかすると、最初から対価を渡す気などないのかもしれない。第二に、約束通りの現金と宝物がアタッシュケースの中に入っているか。もしかすると、偽物かもしれないし、約束より少ないかもしれない。第三に、交換の方法は安全か。同時にテーブルに置いて、同時に対価だけをテーブルから取る約束だが、テーブルになにか仕掛けがあるかもしれない。

西田　他の心配もありそうです。第三者が邪魔をして、現金や宝物を盗《と》ろうとする恐れもありそうです。別の犯罪組織も狙っているかもしれないし、警察がこれを非合法取引だとみて、押収しようとするかもしれない。

吉本　映画やＴＶドラマをみていれば明らかなように、両者が安全に取引を成功させる方法など存在しません。２人の代理人がどんなに工夫しても、どちらかが失敗する危険性は完全には消せません。代理人Ｙが確実に対価を受け取ろうとすると、代理人Ｚにリスクを負わせるしかない。

西田　立場を入れ替えても同じことがいえます。日常の経済取引であっても本質は同じで、取引相手に悪意があれば、あるいは悪意のある第三者が狙っていれば、通貨と交換・決済のしくみをいくら工夫しても、最終的な解決にはつながらない。

吉本　今回、何人かの経済学者と会計学者に、ビットコインについてのご意見をうかがったのですが、銀行と証券会社での実務経験が豊富な岩﨑大介教授（朝日大学）は、この点について、つぎのように指摘していました。――〝取引相手の信用〟と〝通貨の信用〟は別に考える必要があり、取引相手が信用できないという問題は、通貨の側では解決できない。

西田　ビットコインのような暗号通貨の安全性をいくら高めても、取引で騙されるリスクは消せないという話ですね。

吉本　取引に失敗する危険性は、決済手段が現金であってもビットコインであっても存在します。代理人Ｙが宝物を奪いながらもカネを支払わずに逃げる危険性は、現金でもビットコインでもさほど変わらないでしょう。原則として代理人Ｙの人間性で決まるからです。ビットコインは、電子化されている点では預金に似ていますが、匿名性があるから現金に近いといえます。

西田　犯罪者たちは匿名性がある現金を好み、同じ理由でビットコインも好みます。

吉本　ほとんどの巨額投資詐欺は、日本円、米ドルなどの国家通貨でおこなわれています。銀行に日本円を預金するときでも、1000万円を超えて預けては危険だというのが、かつて話題になった〝ペイオフ解禁〟のポイントです。

西田　預金保険制度が保護してくれるから1000万円までなら安心できるという話でした。

吉本　制度の対象外となる金融資産は、投資先の破綻によって簡単に消えてしまいます。

西田　ペイオフ解禁前に、強調されていましたね。

吉本　でも、だからといって、円そのものが通貨として危険だという話には直結しない。

西田　取引所でのトラブルの危険性と、通貨としての安全性・危険性は、まずは切り離して考えるべきです。

吉本　犯罪や事故・災害などで消失する危険性は、現金とビットコインとで共通しています。

西田　現金だって、燃えれば消えます。どちらも、一度消えてしまえば回復は不可能で、完全な匿名性をもつがゆえに、消えたときに元の所有者の手許に復活させるしくみはつくれません。

吉本　ビットコインが危険にみえるのは、単に、現金に近い性質の通貨だからですね。その意味で、ビットコインは円やドルの現金と同じくらい危険だ、といえます。

第2章

ビットコインは〝通貨〟として通用するか？

——「世界で使える良貨」の条件

ビットコインに注目が集まった理由

そもそも、通貨はいろいろな動機で保有されます。経済学の教科書によく出てくる分類では、①取引動機、②予備的動機、③投機的動機の3つに分けられます（なお、古銭やエラー硬貨を収集するのは、通貨としての保有ではありません）。

想定内の買い物などの決済（支払）に使うために通貨をもつのが、取引動機。想定外の支出に備えて通貨をもつのが、予備的動機。資産をどんな形態で保有するかを選ぶなかで、株や債券や不動産などではなく、通貨（現金あるいは預金）でもつのが、投機的動機です。……株や債券や不動産などでの資産運用（投機）が危ないと予想されるときに、とりあえず通貨で運用しておこうとした結果とみなして、投機的動機と呼んでいます。

本書では、①と②の動機をあわせて「決済」、③の動機を「投機」と呼ぶことにします。通貨の流通残高が一定のときに、投機による通貨保有が増えると、決済に使える通貨量が少なくなって、実物面の経済活動をやりにくくします。決済は、モノやサービスの取引に関係し、投機は、金融取引に関係します。

多くの人がビットコインを使うようになった理由の第一は、国家通貨（自分が住む国が法的に流通させている通貨）への不信でした。第二に、決済手段としての利便性があり、とりわけ国際・少額決済では、ビットコインの取引コスト（手数料と手間）の低さが際立っています。第三に、投機対象としての注目があります。金額としては、この投機による需要がまずは大きかったといえます。

通貨とはなにか?

世間的には、ビットコインを「仮想通貨」と呼ぶことが多いのですが、本書では主に「暗号通貨」と呼ぶことにします。通貨や貨幣という言葉は、けっこういいかげんに使われますから、どう呼ぶかは自由だと認めないと仕方がないでしょう。問題は、本当に「通貨としての要件を満たしているか？」です。もっとも、これもかなりあいまいな話になります。

政府の統計などでの扱いでは、ビットコインは通貨とされておらず、日本政府はビットコインをモノとして扱う方針です。しかし、経済学のテキストに出てくる通貨の定義に当てはめれば、2014年春の時点ですでに「通貨である」とみることもできます。限定的に通用しているだけの通貨であり、「通貨でない」ともいえます。

この答えに納得できない人もいるでしょうが、そもそも通貨とはなにかをきちんと考えること自体が、金融の専門家にとってもむずかしいのです。本章では、通貨や金融の本質や実態を説明することで、読者自身が考えて判断するための基礎知識を提供します。まず、「通貨（貨幣）の基本機能」を整理しましょう（図表2－1）。

通貨の機能としてよく挙げられるのが、「決済（支払）手段」「価値尺度」「価値保蔵」の3つです。なにかのモノを買ったり、借金を返済したりするときに、その通貨を支払って決済を完了させることができるなら、それは通貨です。ただし、ある程度以上の範囲の経済取引の決済に、一般的に使えてこそ、通貨です。ですから、通貨の基本機能のひとつは「一般的な決済手段」であり、逆方向にみれば、「通貨とは、一般的な決済手段に使える資産のこと」と定義できます。

私たちは、なにかの経済価値の大小を示すときに、「1個16万円の骨董品」とか、「年俸1億円超のプロスポーツ選手」などと表現します。こうして価格（料金）、賃金、資産価値などを通貨単位で示すときには、通貨が価値尺度として機能しているといえます。

経済活動によって生み出された価値を、ある程度の期間蓄えておくことも、通貨に求められる重要な機能で、これを価値保蔵と呼びます。ただし図表2－1で示すように、価値保蔵の要求レベルはいくつかの段階に分けられます。

通貨が誕生してから長い年数、価値が目減りしやすい通貨もあれこれと使われてきました。たとえば、重さで価値が決まる硬貨が摩耗すれば、その分だけ価値も減ります。昔は、ある程度の

図表2-1　通貨の3つの機能

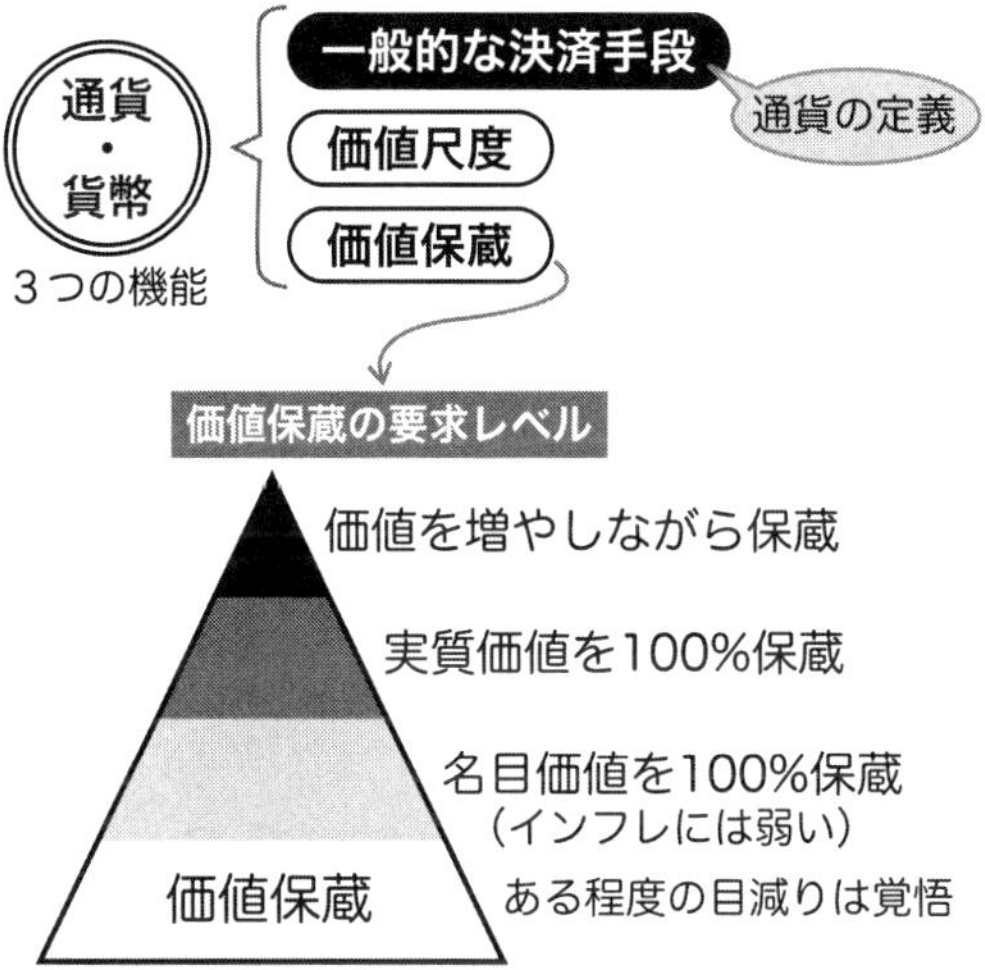

目減りを覚悟した価値保蔵機能で妥協するしかないことも、多かったといえます。

他方、できれば100万円は100万円の価値を保ったまま蓄えておきたいという要求を、きちんと表現すると、「名目価値を100%保蔵」となります。紙幣などの現金は、このレベルの価値保蔵ができますが、インフレ(物価上昇)が起きると、100万円で買えるモノが減ってしまいますから、インフレに対して弱いといえます。

もしたとえば、インフレでいろいろなモノの価値が10%値上がりしたときには、通貨も10%増えるというしくみがあれば、実質的な価値が100%保蔵できます。他方で、各国政府の統計では、「預金(銀行預金、預貯金)」も通貨です。そして、預金につく金利がインフレ率(物価上昇率)に連動すれば、「実質価値を100%保蔵」することが可能になります。

預金の金利は、銀行同士の貸し借りの金利(=銀行間金利)から銀行のコストや利益を差し引いて決まります。そして銀行同士の貸し借りでは、予想されるインフレ率より高い金利が請求されます。基本原理として、実質的に損をするような金利でカネを貸す銀行はないからです。実際には、銀行がマイナスの金利でカネを貸すケースもあって、本当にややこしいのですが、例外的な現象だと考えることにしましょう。

たいていの場合、「普通預金」に預けておけば、実質価値を100%維持しやすい(普通預金はインフレに強い)という原則があります。この原則が実際には成り立っていないとすれば、銀行間金利に強い影響を与える中央銀行(日本では、日本銀行)が、よほど特殊な金融政策をおこなっているからです。……たまたま2013年から2014年にかけて、日米の中央銀行は、緩やかなプラスのインフレ率を目標にしながら、しかし預金金利がインフレ率を下回ってしまうような特殊な金融政策をおこなっていますが、これを通常だと思わないほうがいいでしょう。

実質価値を維持しようとするだけでなく、実質でも名目でも「価値をさらに増やしながら、価値保蔵をしたい」と願う人たちもたくさんいます。これは欲張りな要求で、現実には失敗して価値を失うリスクもありますが、それでもなお、このレベルの価値保蔵を要求して、あとで後悔する人は本当に多いという現実があります。

なお、デフレ（物価下落）が続いているときには、100万円で買えるモノは少しずつ増えますから、現金でも預金でも、名目価値が100％維持できる通貨をもっていれば、実質価値は増えます。このように、名目と実質の価値を区別して、インフレ率と通貨の価値保蔵機能の関係を考えるのは、意外にむずかしいのです。

日本では、銀行や証券会社などの金融機関の資産運用アドバイスでも、まちがった内容が教えられやすいため、通貨の価値保蔵機能についてきちんと理解している人のほうが少数派であるという、残念な状況になっています。根本問題は、日本政府が国民に対して基本的な「金融教育（金融サービスの利用者としての教育）」をおこなわないことにあります。

さてビットコインは、ここまでに整理した通貨の基本機能を、現実に提供できるようになってきました。ビットコインで対価を支払うことで、さまざまなモノを買える店や、インターネット通販サイトが出現し、まだ少しずつではありますが、増えてきています。限定された範囲ではありますが「一般的な決済手段」といえます。

現実的な通貨の定義では、特定の種類のモノやサービスの決済にしか使えない資産は、一般的な決済手段ではないとみます。交通系のプリペイドカードが乗車料金にしか使えなかったときは、その残高は通貨ではなかったのです。

他方、十分に多様なモノやサービスが買えるなら、買えないモノやサービスがあっても、また、決済に使えない店がたくさんあっても、一般的な決済手段であり、通貨であると考えます。たとえば、提携しているコンビニやデパートで買い物に使えるようになった交通系のプリペイドカードは、その残高を通貨とみることができます。

さらに、その資産をすみやかに売却して、対価を普通預金口座に振り込めるなら、結局はたいていの買い物に使えるのだから、一般的な決済手段であるとみなされます。この論理を適用して、政府の統計上は「広義流動性」と呼ばれる通貨にふくまれるものとして、たとえば、国債や外債などがあります。ビットコインは、通常はこれらより換金しやすいので、通貨にふくめていいはずです。

また、ビットコインといろいろな国家通貨との交換レート（為替レート）が、リアルタイムで公表されていますから、モノなどの価格を換算してビットコイン表示にすることは簡単で、価値尺度の機能も一応は満たしています。さらに、国家通貨への不信からビットコインで貯蓄をしているのは、キプロスや中国の人たちだけではありません。投機目的で、値上がり（価値が増えること）を期待してビットコインを保有している人が世界中にいるのだから、価値保蔵機能も認められているといえます。

すべて限定された範囲ではありますが、ビットコインはすでに通貨であるといえます。

通貨や貨幣はなぜ誕生したか?

無人島に行ってひとりで生活するなら、自分が消費するモノはすべて自分が生産するしかありません。これを「自給自足」と呼びます。大昔に、自給自足がふつうであった経済社会から、分業と交換がおこなわれる市場経済に移行して、通貨(貨幣)が必要になりました。

通貨がないなら物々交換をすることになりますが、自分が生産したモノと他人が生産したモノの交換が成立するためには、「需要と供給の二重の一致」が必要になります。第一に、自分が保有していて提供できるモノと相手の欲求を満たすモノが一致し、しかも第二に、自分の欲求を満たすモノと相手が保有していて提供できるモノが一致するのでないと、交換は成立しないからです。

経済取引(交換)をおこなうために、自分がほしいモノをもっている相手を探しても、たいていの場合、図表2-2のような状況になりやすいでしょう。主体Aは芋を入手しようとして、芋をもつ主体Bをみつけたのですが、主体Bが対価として求めるモノは肉で、主体Aは魚しか提供できません。需要と供給の片方は一致していても、もう片方は不一致で、だから取引不成立となります。

図表2-2　通貨の必要性

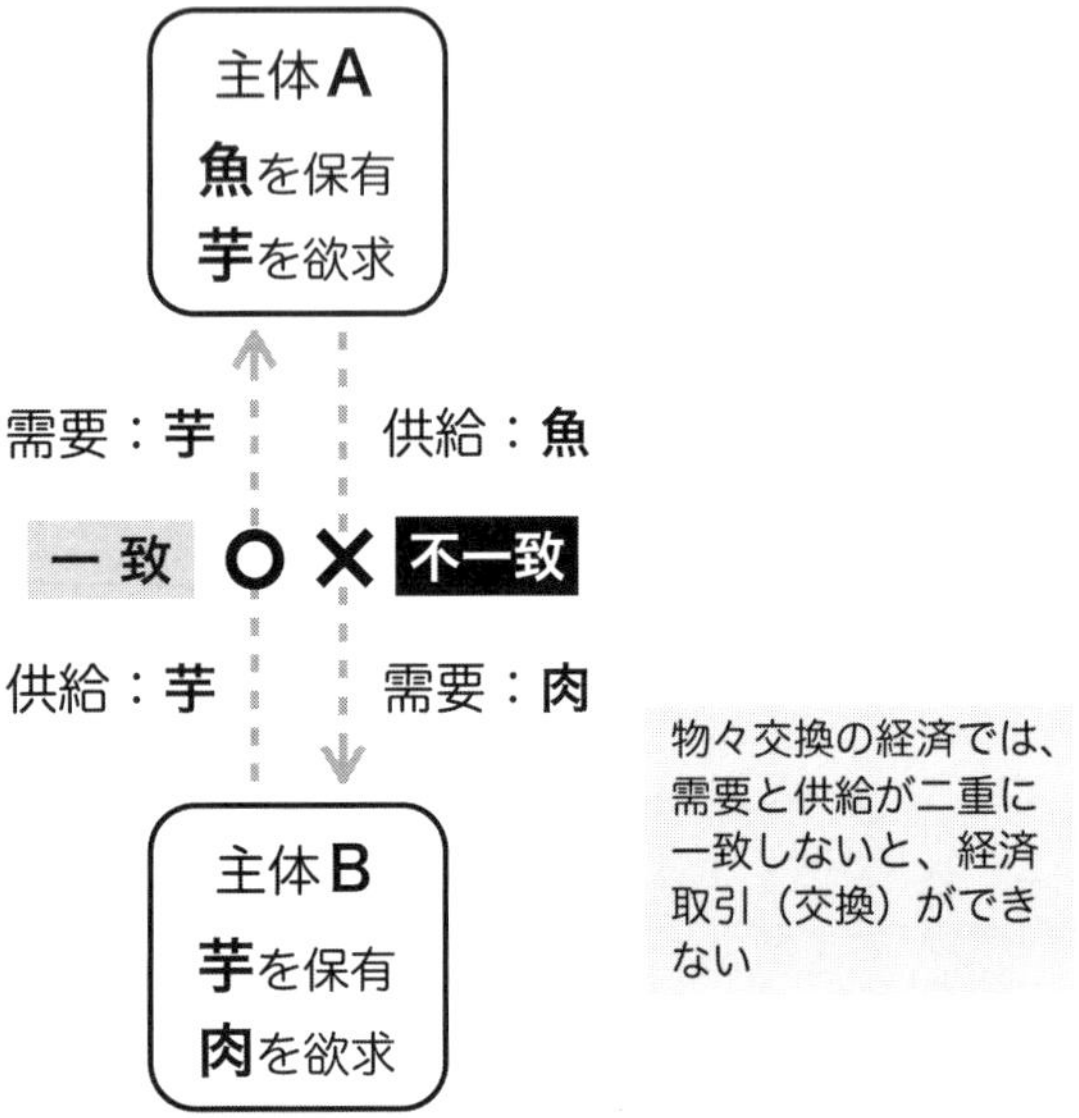

このとき、通貨があれば経済取引の効率が格段に上がります。

いま登場した主体Aが、通貨を誕生させる様子を示します。主体Aは、自分がもっている魚が腐ってしまう前に、その価値が長続きするなにかに交換しておかないと、芋の対価として支払える価値が消えてしまうとわかっています。だから、魚をほしがっていて、対価に「なんでもいいから価値が長く保たれるモノ」を提供できる相手を探しました。そして主体Cをみつけたとしましょう。

図表2－3に示されるように、主体Cがもっているのは銀で、主体Aは銀がほしいわけではありません。

しかし、魚よりずっと長く価値が保蔵できます。だから、主体Cに魚を渡して、対価として銀をもらいました(①)。先の主体Bも、芋よりは価値が長く保たれるモノに交換しておきたいと思っていましたから、銀を対価として、主体Aは主体Bから芋を入手できました(②)。

銀なら、銀を対価として受け取ってくれる相手をみつけやすいでしょう(価値がより長く保たれるのですから、時間をかけて相手をみつけやすいのは当然です)。これがわかっていたから、主体Aも主体Bも銀を受け取ったのでした。主体Bが求める肉をもっていた主体Dは、この様子をみていて、銀なら多くの人が対価として受け取ってくれそうだと信じ、主体Dとの間で肉と銀の交換に応じました(③)。こうして、みんなが銀を通貨と信じて使うようになったことで、銀は実際に通貨になりました。

ノーベル経済学賞を受賞したジョン・R・ヒックスは、通貨の3つの機能では、じつは価値保蔵が最重要だと指摘しています。古代から金・銀・銅のような金属が通貨に選ばれやすかったのは、価値保蔵機能が重視されたからです。

さて、銀が通貨として機能するようになると、経済効率が高まり、分業がいっそう進展して、生産能力が飛躍的に上がりました。価値を手許に蓄積しておく余裕が出てきて、人々はできるだけ銀を保有しようと意識するようになりました。

その状況で経済取引を始めたい人は、とにかく、自分が売りたいモノを買ってくれる相手を探

図表2-3　通貨の誕生

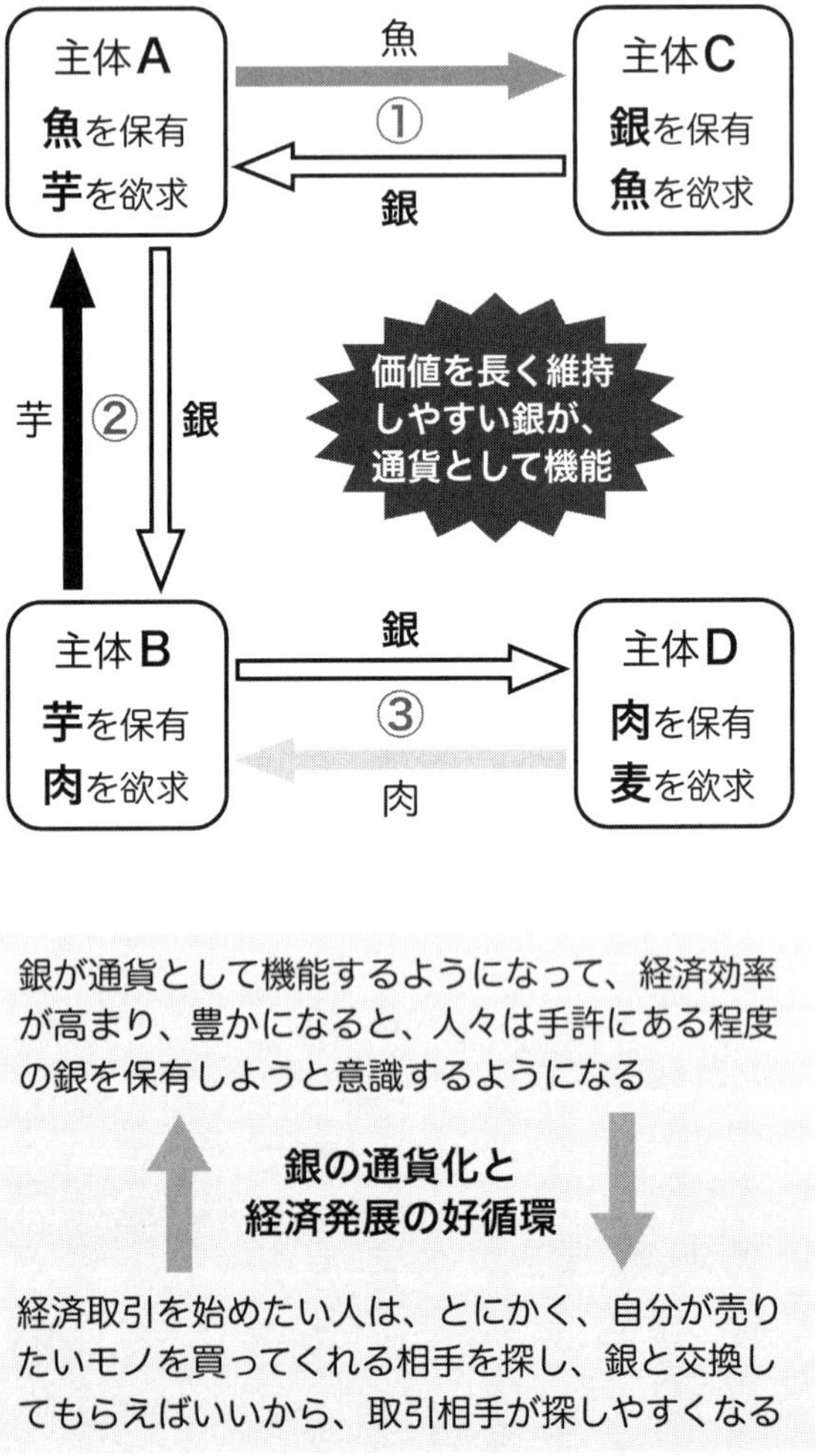
主体A
魚を保有
芋を欲求
魚
①
銀
主体C
銀を保有
魚を欲求
芋
②
銀
価値を長く維持しやすい銀が、通貨として機能
主体B
芋を保有
肉を欲求
銀
③
肉
主体D
肉を保有
麦を欲求
銀が通貨として機能するようになって、経済効率が高まり、豊かになると、人々は手許にある程度の銀を保有しようと意識するようになる
銀の通貨化と経済発展の好循環
経済取引を始めたい人は、とにかく、自分が売りたいモノを買ってくれる相手を探し、銀と交換してもらえばいいから、取引相手が探しやすくなる

せばいいわけです。そして銀と交換しておけば、あとでいろいろなモノが買えます。銀が通貨としての通用力を高めることで、みんなが取引相手を探しやすくなり、さらに経済効率が高まって経済が発展するという好循環が起きました。通貨は、経済発展のエンジンのひとつであり、通貨そのものもどんどん進化しています。

なお、「対談コラム1」（61ページ）でご登場いただいた岩崎教授は、「通貨のライフサイクル（あるいは、賞味期限）」という視点を強調します。ある時代に誕生した通貨がやがて使われなくなり、通貨としての寿命を終えます（あるいは、賞味期限や消費期限が切れます）。たとえば古代ローマの金貨や、江戸時代の小判のように、いまでも存在していて十分に高い価値があるとしても、もはや通貨としては通用しないものを考えればわかりやすいでしょう。

通貨には、寿命が長いものも短いものもあります。岩崎教授は、ビットコインをめぐる議論の中心にあるのは、「ビットコインという通貨の寿命が長いか短いかの問題」だといいます。ビットコインのように新しいタイプの通貨について検討するときには、人類がこれまでに使ってきた歴代通貨を参考にしながら、ライフサイクルを意識して考えるべきでしょう。

金融とはなにか？

「金融」とは「カネの貸し借り」です。ただし、この〝カネ〟にしても〝貸し借り〟にしても、かなり広い意味でとらえる必要があり、金融の本質は「交換タイミングのずれ」にあると理解したほうがわかりやすいでしょう。そして、通貨が存在しない物々交換でも、金融はおこなわれます。というより、人類が物々交換を始めたときから、おそらく、金融の要素がふくまれていたはずです。

先ほどの図表２－２と図表２－３の具体例を引き続き使用して、図表２－４で説明します。主体Aが主体Bから芋を手に入れるいちばん簡単な方法は、「対価を支払うのを少し待ってくれ」と頼み、〝ツケ〟で芋を受け取るやり方です。芋と対価を同時に交換するのではなく、芋をもらうタイミングと対価を渡すタイミングがずれることを許してもらうわけです。

この交換タイミングのずれこそが、金融です。物々交換だけで経済取引をすると、どうしても交換タイミングがずれてしまいやすく、金融は経済活動に必要不可欠だとわかります。そこで、金融の要素を明確にするために、主体Aが「借用証」を書いたとします（①）。この借用証は、主体A以外にとっては金融資産（主体Aからみると負債）です。

図表2-4　金融と、金融を背景にした通貨

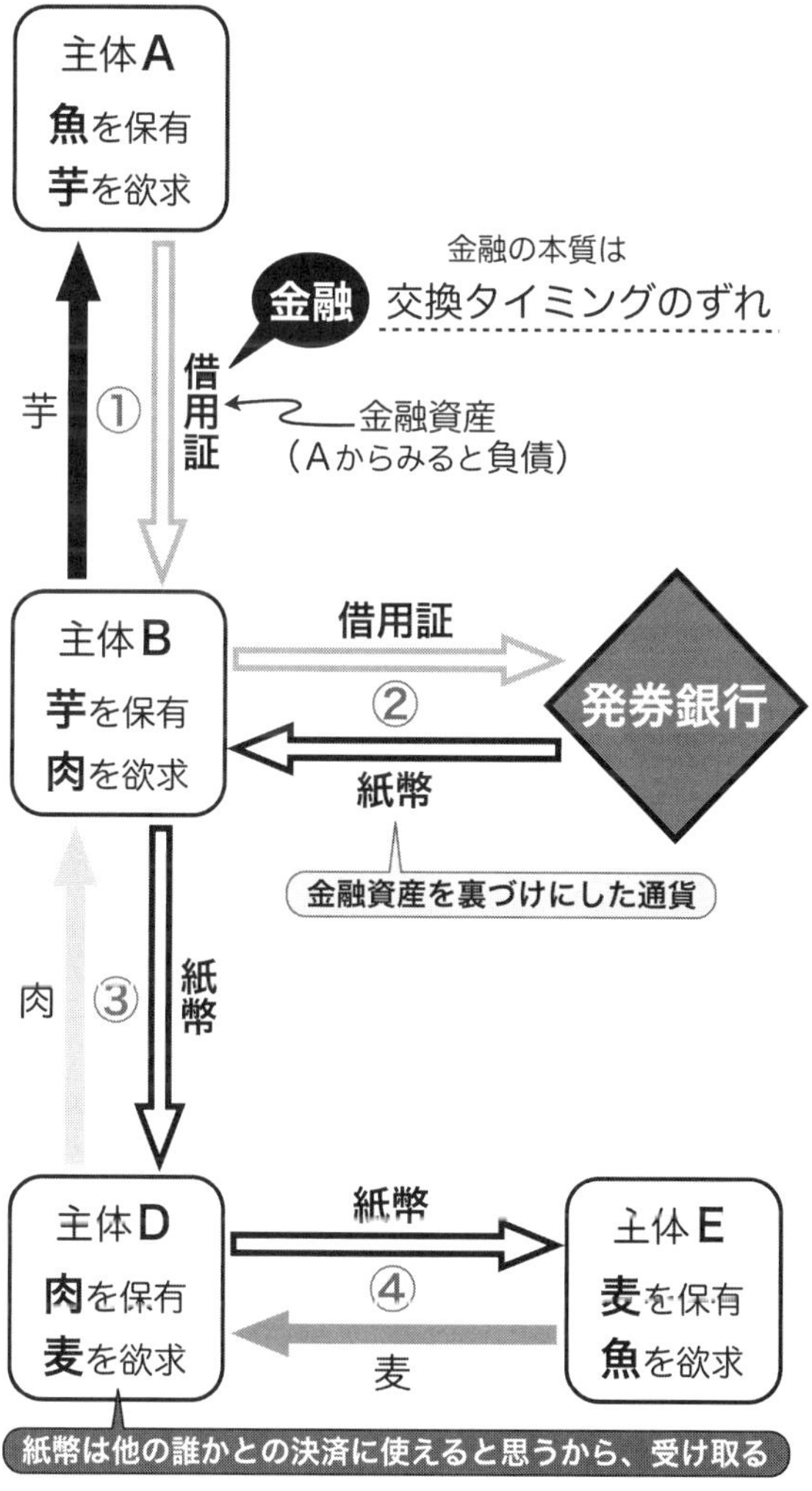

現代的な通貨としての紙幣（現金）は、紙幣を発券する銀行が、誰かの借用証である金融資産を買い入れるときの対価として発券するものです。主体Aが芋を買うときに書いた借用証を、発券銀行が買うときに紙幣で支払うと（②）、国内の通貨量が増え、経済活動に使われます。

かつては、民間の銀行が発券銀行でしたが、いまはたいていの国で、中央銀行が紙幣の発券を独占しています（民間の発券銀行と中央銀行のちがいについては、あとの第4章で検討します）。中央銀行が各種の金融資産を買い入れて、紙幣を発行することを「買いオペレーション」（略して、買いオペ）と呼びます。

さて図表2－4では、主体Bがこの紙幣を使って主体Dから肉を買い（③）、そのあと、主体Dは麦を買うのに使っています（④）。主体Dが紙幣を受け取ったのは、あとで他の誰かとの決済に使えると思ったからです。紙幣が発行されて一度流通し始めると、たいていの人は、紙幣の裏づけになっている金融資産についてのチェックなどせず、紙幣を受け入れて使います。長期的には、発券銀行の信用が紙幣の価値を左右すると、みんなわかっていますが、とりあえず「みんなが通貨と信じているうちは通貨として受け入れる」のが、通貨の本質です。

また金融では、借用証を書いた主体Aが借金を返済できないリスクがありますから、そのリスクに応じた金利をつけることで、借用証での決済を主体Bに認めてもらおうとします。しかも、金融は一定時間をかけて完結する取引ですので、物価などが変化することも考える必要があります。昔の人たちもこの点はわかっていましたから、金利はずっと昔からリスクやインフレ率の影響を受けてきました。

現代の経済社会では、こうして金融が通貨の裏づけとなる一方で、通貨量が金融取引に大きな影響を与えます。たとえば、金融市場を不安定にして、ときに金融危機をもたらす「バブルの発生・崩壊」は、通貨量の過剰な拡大によってもたらされます。金融と通貨の関係は密接で、しかも複雑です。

国家通貨にも裏づけはなかった！

ビットコインに価値の裏づけがあるかないかの判断は、じつはむずかしいといえます。なにを「価値の裏づけ」とみるかがよくわからないからです。ただし、いずれにしても通貨に具体的な価値の裏づけなど不要です。通貨になりそうな資産は、ある程度以上の人たちがそれを通貨と信じて受け取ってくれるなら、実際に通貨として機能するからです。

そもそも、いまの国家通貨にも、具体的な価値の裏づけはほとんどありません（あとで理由を説明します）。この点のように、経済面でビットコインの欠点として指摘されやすい内容の多くは、じつは、既存の国家通貨にも当てはまるものです。

通貨の価値の裏づけがわかりやすかったのは、金や銀がたっぷりと使われた硬貨です。そうした金属製の硬貨が通貨の主流だった昔にも、「国家が発行する通貨なら、それにふくまれる金属の価値による裏づけなどいらない」と主張した人たちはいました。イギリスの造幣局で働いていたときのニュートンも、じつはそう考えていたようです。

現実に古代から、みんなが通貨と信じれば通貨として通用してきました。通貨に選ばれやすく、いまも国際決済では通貨としての性質をもつ金（gold）は、地球上でつくれません（宇宙空間から隕石について地球に降ってきたものです）から、希少性が価値につながっています。しかし金も銀も、食事、衣服、住居をつくるのに適した材料ではありません。機能を考えれば、人の生活にあまり役に立つモノではないのです。

そもそも、図表2－4で説明したように、いまの国家通貨の裏づけは原則として金融資産（＝誰かの負債）です。たとえば、国家通貨の独占的発行者である中央銀行は、民間の経済活動にともなう金融取引に使われた「商業手形」を割引《わりびき》した（買った）民間銀行から、再割引（転売）のかたちで買い、その商業手形を裏づけとして現金通貨を発行します。

他方で日本では、民間の経済活動で生み出されて取引されるモノ（サービスをふくむ）の付加価値は、その4分の3が第三次産業によって生産されます。おおまかにいえば、第三次産業とはサービス業であり、その価値は取引時に消えてしまいやすい性質をもちます。たとえば、なにかを輸送してもらったことに対してカネを支払う代わりに、まずは商業手形を渡すのですが、その時点ですでに輸送サービスはおこなわれていて、新しく輸送サービスを受ける権利のような価値が、商業手形の価値の裏づけとして残っていたりはしません。

日本の経済活動で、モノを生産する第二次産業の比率は4分の1(第一次産業はたった1%)しかなく、モノの取引が裏づけであっても、パソコンなどの工業製品は時間の経過とともに価値が大幅に下がりやすいのがふつうです。食料品のように、やがて食べられて(あるいは鮮度が落ちて)価値が消えるモノもあります。

国家通貨の現金(紙幣・硬貨)は、形式的には価値の裏づけがあるようにいわれていますが、その現金が発行された時点で、その価値のほとんどは消えてしまっているのです。しかも、先進国の現代経済では、通貨量(残高)の9割以上が現金ではなく〝預金〟です。

預金(預貯金)は、民間の金融機関が預かっていて、しかも預金者に金利を支払うために、企業に貸し出されたりしています。金融機関の金庫のなかに、預金の価値の裏づけになるものはほとんど残っていないのです。もし、一定比率以上の預金者が同時に預金を引き出そうとすると、「取りつけ騒ぎ」と呼ばれる現象が起きて金融機関の経営が傾くのは、そのためです。

金融機関がカネを貸し出すときには、担保をとることが多いのですが、無担保の貸出もありますし、価値がどんどん下がるモノや資産が担保とされることもあり(最近は牛や豚も貸出の担保になったりしています)、実際に貸出先が経営破綻したときには、貸出金額がほとんど回収できないことも少なくないのです。通貨としての預金の価値の裏づけは、現実にはかなり弱いといえます。

だからこそ、銀行などが破綻したときに保護される預金は、ひとりにつき1000万円までと決められています。これも「預金保険」というしくみがあっての保護で、預金の価値の裏づけなどほとんどありません。保険制度が整備されていてもなお、これほど限定的な保護しかないのです。

結局、現代の国家通貨は価値の裏づけをほとんどもっていないといえます。そして、預金先の銀行などの選択では、自己責任が強調されています。ビットコインについてだけ「価値の裏づけがない」などと指摘するのは、無意味だと気づくべきです。なお、この説明では納得できない人もいるでしょうから、中央銀行の役割も考慮した解説を第4章でおこないます。

マイニングの報酬は高すぎるか?

通貨発行による利益を「シニョリッジ(seigniorage)」と呼びます。図表2-4で示した方法で現代的な紙幣を発行する場合には、原則としてシニョリッジは「買い入れた借用証(金融資産）を保有することでもらえる金利（配当などもふくむ）」です。図表2－4を修正した図表2－5で説明すると、単純に、主体Aが借用証で約束した金利を発券銀行が受け取るので、その金利がシニョリッジになるという話です。

現実の中央銀行は、国家が発行した長期国債を買い入れてその金利を得るケースが多いので、主に長期国債の金利が収入になります。そこから紙幣製造のコストを差し引き、紙幣発行後（事後的）に紙幣の偽造を取り締まって防止するコスト（これは国家の警察活動のコストにふくまれます）を差し引くと、シニョリッジが求められます（図表2－5の下側）。紙幣1枚当たりの各種コストは実際には小さいので無視すると、保有する長期国債などの金利がほぼそのままシニョリッジとなります。

いまの日本の場合、通貨発行はさほど大きな利益をもたらしません。日本政府が国債を発行して借金をするときの金利が、歴史的にみて相当に低いことが大きく影響しているのです。

また注意点として、このシニョリッジは現金通貨発行にかぎった利益であることを覚えておくべきです。現代の通貨の大部分を占める預金は、国家とは直接関係がありません。おまけに、預金を集めるのに金利を支払うのがふつうで、その金利を稼ぐのに貸出をおこなうと、損失が生じるリスクがありますから、預金という通貨の発行が自動的に民間銀行にシニョリッジをもたらす、とは考えないほうがいいでしょう。

図表2-5　紙幣のシニョリッジは金利

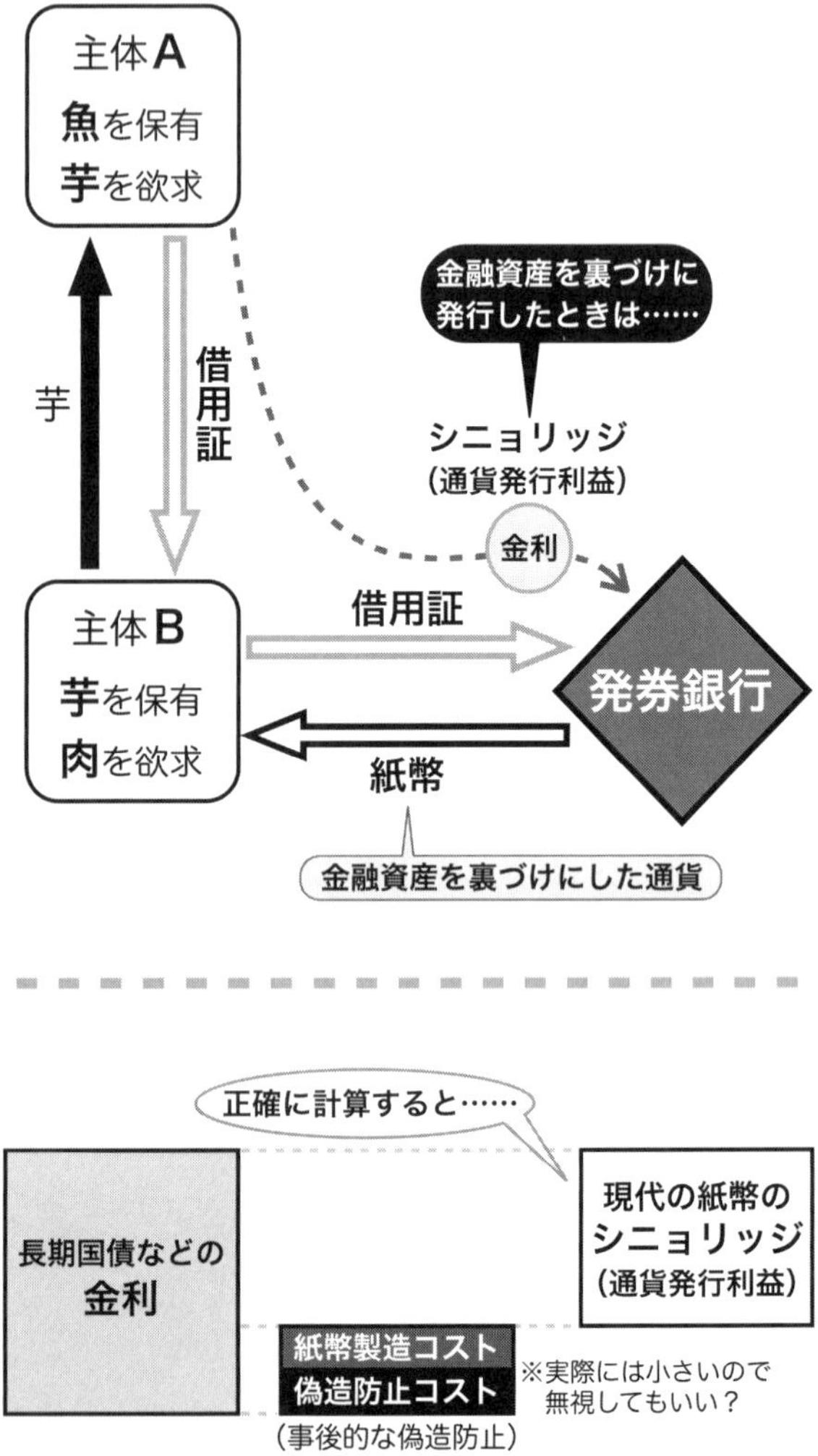
主体A
魚を保有
芋を欲求
芋
借用証
金融資産を裏づけに
発行したときは……
シニョリッジ
(通貨発行利益)
金利
主体B
芋を保有
肉を欲求
借用証
発券銀行
紙幣
金融資産を裏づけにした通貨
正確に計算すると……
長期国債などの
金利
現代の紙幣の
シニョリッジ
(通貨発行利益)
紙幣製造コスト
偽造防止コスト
(事後的な偽造防止)
※実際には小さいので
無視してもいい？

そもそも、預金として預かったカネの貸出がもし大きな利益をもたらすとしても、それは金融ビジネスによる利益であって、通貨発行利益ではありません。銀行が通貨としての預金から得る利益として、振込《ふりこみ》などの決済にかかる手数料と、時間外などにATMから現金を引き出すときの手数料がありますが、ATMなどの設置・運営、振込の事務処理にかかるコストを差し引く必要があります。

ビットコインの発行利益は、図表2－6のように考えられます。マイニングによる発行金額からマイニング作業のコストを差し引いたものが、ビットコインのシニョリッジです。この場合、追加的なコストをみて計算するべきで、これを「限界コスト」と呼びます。ビットコインのシニョリッジは新しい考え方で広く分けられますから、違和感があるかもしれませんが、巧妙な分け方になっています。

図表2－6には、参考までに昔の金貨のシニョリッジも示しています。その金貨でなにが買えるかでみた金貨の価値（購買力）から、そこにふくまれる金の価値（取得コスト）を差し引き、さらに、製造コストと事後的な偽造防止コストなどを差し引くことで、シニョリッジが計算できます。シニョリッジでみると、ビットコインは、いまの紙幣よりも昔の金貨に近い通貨だといえます。

ビットコインにかぎらず、発行される通貨が利用者の利便性を十分に高めるものなら、シニョ

図表2-6　ビットコインのシニョリッジ

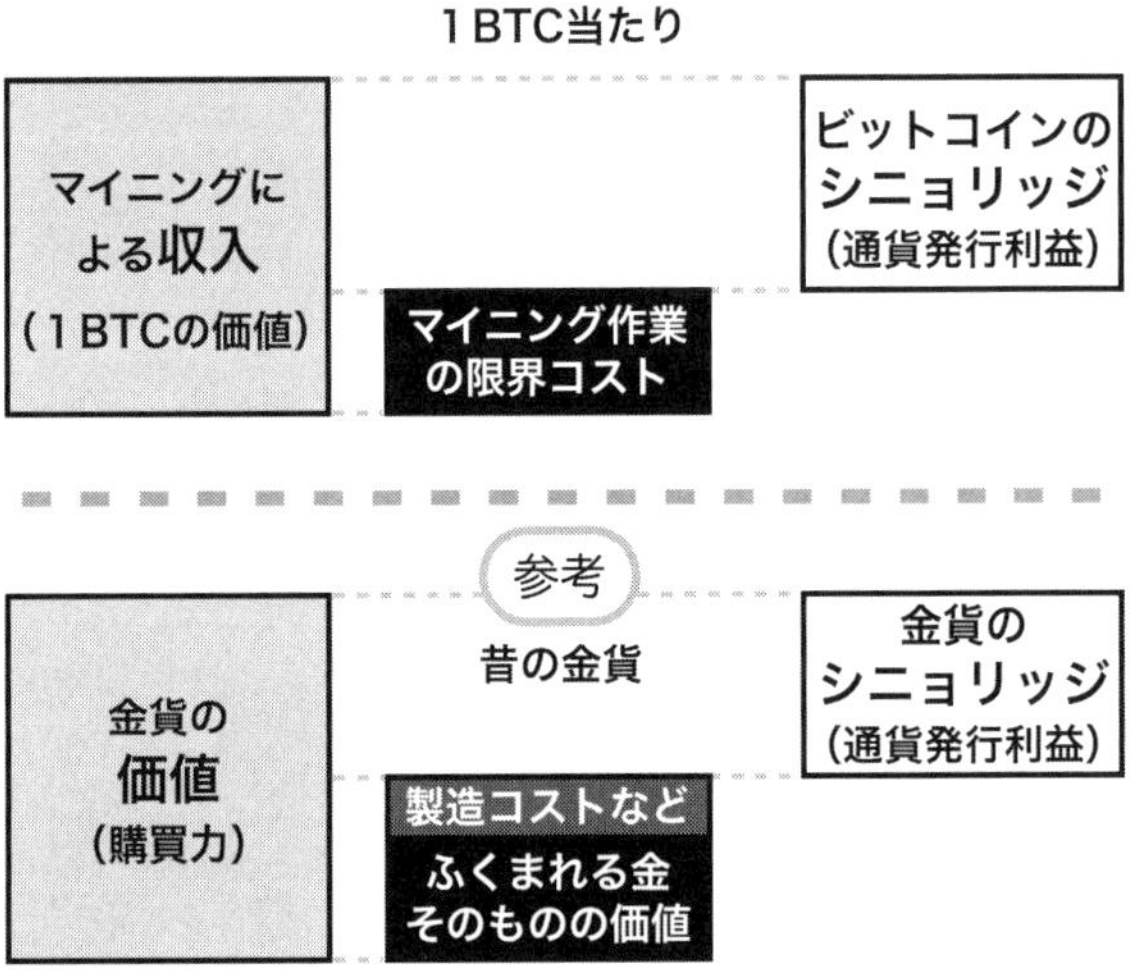

リッジが大きくても問題はありません。高い満足を与える商品の生産者は、高い利益を得てよいはずだからです。それでも、シニョリッジが高すぎるのではないかと疑う人もいるでしょうが、発行しようとする主体の間で競争原理が働くなかで、一定の期間をかけながら発行量が増えているのですから、独占的な発行がおこなわれるケースよりも、シニョリッジはずっと小さいはずです。

　そもそも、日本での報道のほとんどは、マイニングによる利益ではないものを通貨発行利益であるかのように報じていて、大きな誤りがあります。ビットコインで儲けた人のほとんどは、マイニングで儲けたというより、相対的に安いビットコインを入手して、高くなるまで保有したから儲かったのです。その人がマイニングした時点の価格で評価せず、時間が経過してからの価格で評価すると、投機による損益をふくめることになってしまいます。

また、シニョリッジによるインセンティブが、暗号の強固さを維持しながらの発行につながっているのですから、シニョリッジがある程度大きいことは大切です。国家による独占発行と比較して、第一に、シニョリッジが大きくなりすぎないように競争原理が働き、第二に、シニョリッジが通貨の機能を高める努力につながり、第三に、通貨の品質を維持しながら発行する努力をした人がシニョリッジを得る、という3つの点で優れています。

いまの日本を前提にしてまとめると、日本円もビットコインも、相対的にみてシニョリッジはさほど大きくありません（ボロ儲けというわけではないのです）。絶対額でみれば巨額に思えるかもしれませんが、通貨の存在が経済活動の効率を高める効果を考えれば、妥当なレベルのシニョリッジといえるでしょう。投機による損益とシニョリッジをごちゃ混ぜにして、数年前のビットコインの発行者が得たシニョリッジをやたらに過大評価して報じるマスメディアに、惑わされてはいけません。

ビットコインが国際決済に強いワケ

既存の国家通貨（円や米ドルなど）の預金での国際決済には、きわめて大きな問題点があり、他方、電子情報をベースにした暗号通貨のビットコインは、その問題点をクリアできています。国際決済においてビットコインの送金手数料が圧倒的に安く、強い優位性をもつのは、もともと国家通貨の預金が、少額の国際決済において通貨として機能できていなかったからです。

では、送金の基本から説明しましょう。大きく分けて、送金には2通りあります。支払人が「振込」の手続きをするパターンと、受取人が「取立《とりたて》」の手続きをするパターンです。後者では、特定の相手からの取立による請求に備えて、預金口座からの「引落」を事前に許可しておくケースもよくあります。

当座預金と普通預金という決済性預金を使って、振込や引落などの方法で決済をするのが、通貨としての預金の基本的な使い方です。このうち、どこかの銀行にある預金口座から、同じ国内の別の銀行にある預金口座にいくらかの金額を送金するのが、「内国為替」業務。異なる国で営業する銀行にある預金口座に送金するのが、「外国為替」業務です。

支払人や受取人が預金を使わず、支払人が銀行に現金を持ち込んで依頼するケースでも、また、受取人に小切手を郵送するなどして、受取人が住む地域の銀行で現金化して受け取ってもらうケースでも、両者が同じ国内で手続きすれば内国為替であり、異なる国で手続きすれば外国為替と呼びます。送金手続きをする企業や個人が現金で決済しているつもりでも、銀行はお互いの預金決済ネットワークを使って処理をしますから、銀行を使う送金は、基本的に預金通貨を使った決済といえます。

内国為替と外国為替では、先に内国為替が発展したと思いたくなりますが、中世ヨーロッパでは、国際決済をおこなう外国為替から先に発展しました。まず、遠隔地を結ぶ経済取引（交易、商取引）をおこなう商人が、重い硬貨をたくさん運ぶのは、労力の面でも安全性の面でも問題がありました。そこで、送金（外国為替）サービスを提供する銀行業が発展し、各種の金融ビジネスをおこなうようになったのですが、それにはひとつの大きな障害がありました。

中世ヨーロッパで絶大な影響力をもっていたキリスト教が、カネを貸して金利をとる行為を禁じていたことです。現代でも、イスラム教は金利を禁じているので、はっきりとした金利のかたちを避けて、実態としていかに金利の要素をふくめるかを工夫したイスラム金融が発達しています。

そして、通貨が異なる国の間でおこなう外国為替なら、為替レート（為替相場）のなかに金利をふくめてしまうことで、実態として金利のやりとりが可能でした。だから中世ヨーロッパでは、外国為替が先に発展し、金利を禁止していたキリスト教の影響が強いなかでも、銀行業が成長できたのです。

いまも、企業が為替レートの先物予約をおこなうと、金利と為替手数料をふくんだ為替レートが提示されます。手数料や金利は別に計算して示してほしいと考える企業も多いでしょうが、このやり方はキリスト教との関わりで定着したものです。

内国為替と外国為替のちがいは、異なる通貨の交換があるかどうかだけではありません。決済のやり方の根本的なところがまったく異なるのです。まず、現代の内国為替の決済は図表2－7のようになっています。

送金人Aが日本国内のX銀行から、日本国内に住む受取人Bに現金を送金するとしましょう。わかりやすいのは、Y銀行にあるBの預金口座に送金し、Bに現金で引き出してもらうやり方です。日本国内にある銀行は中央銀行（日本銀行）に預金口座をもっていて、この数字を書き換えるだけで、X銀行からY銀行への資金移動は完了します。日本銀行を中心とするこの決済ネットワークを「日銀ネット」などと呼びます。

先進国通貨の預金での国内決済は、このようなしくみでおこなわれますから、各国の中央銀行の管理下にあるといえます。中央銀行は「発券銀行」として現金の発行量をコントロールするだけでなく、預金が通貨として機能するときにも中心になります。しかも、中央銀行は民間銀行に

図表2-7　国家通貨での国内送金の原理

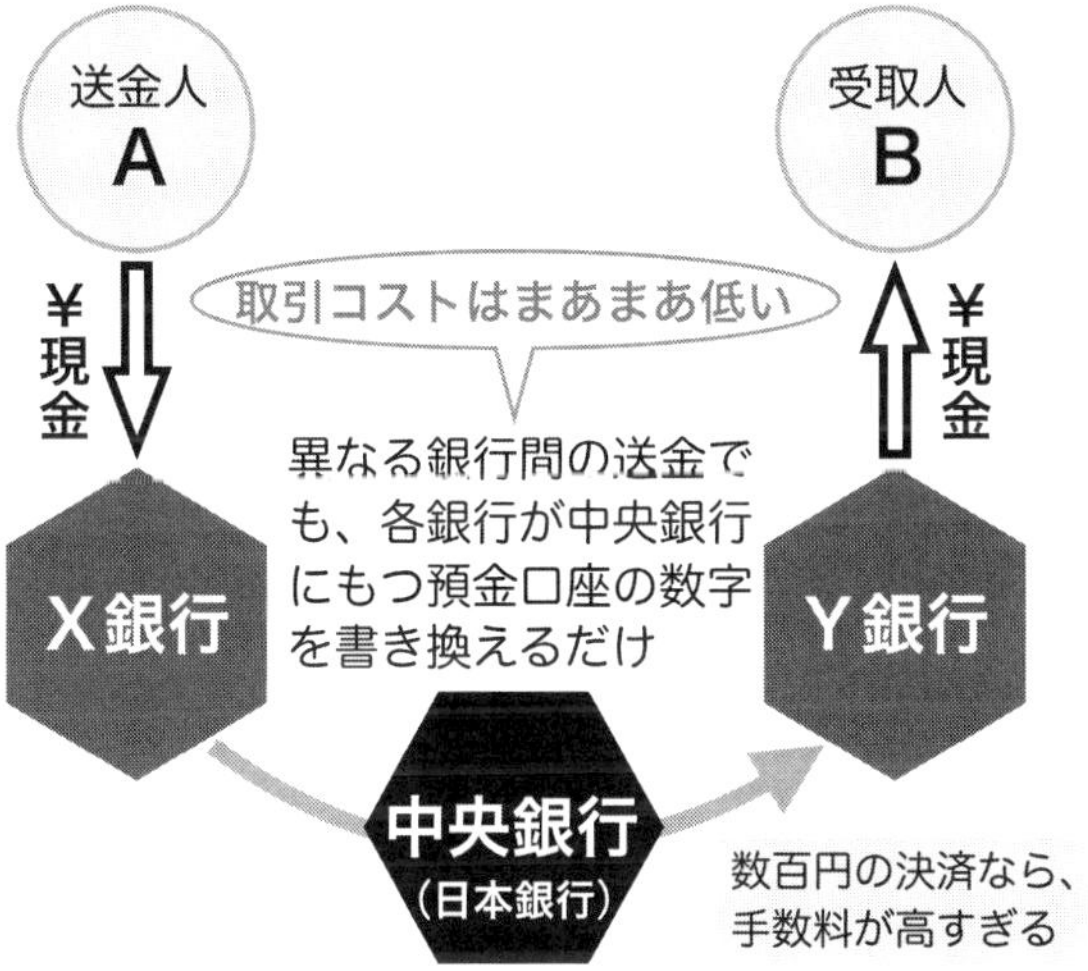

対する「最後の貸し手」としても機能して、「銀行の銀行」とも呼ばれます。

国家通貨での国内送金は、このように中央銀行の預金口座を使った決済が簡単にできます。同じ銀行の口座から別の口座への送金なら、中央銀行を使わなくても、その銀行内でデータを書き換えればすみます。日銀ネットを利用するコストは低いのですが、X銀行が振込手数料をしっかりと取りますから、取引コストはそれなりにかかります。

ここでいう「取引コスト」は、各種の手数料に労力や時間などのコストを加えたものです。外国為替と比べると、まあまあ低いといえます。ただし、数百円しか送金しないときでも、手数料が数百円かかるのがふつうですから、少額決済のときには手数料が高すぎます。

　他方で国際送金では、取引コストが格段に高くなることを覚悟すべきです。日銀ネットの代わりに銀行間の決済を完了させるしくみが、公的には用意されていないことが、最大のポイントです。実態として、中央銀行の代わりをしてくれる銀行は存在しています。主にアメリカの大手民間銀行です。

　世界各国の大手銀行は、アメリカの大手民間銀行に預金口座をもっています。たとえば、図表2-8のように、日本国内の送金人Yが、ヨーロッパに住む受取人Zに送金することを考えてみましょう。Zはヨーロッパでは中堅規模のF銀行にしか預金口座をもっていないので、Yは大手のJ銀行に行き、送金依頼をしました。

　J銀行とF銀行がお互いに預金口座を持ち合っていれば送金しやすいのですが、その確率は低く、今回もそうした関係ではなかったとします。欧米の銀行で、もしJ銀行とF銀行の両方が預金口座をもっている第三の銀行があればいいのですが、そうした銀行がないケースも多々あります。それなら「友だちの友だちを探す感覚」で、J銀行とF銀行をつなぐ預金の鎖をみつけるしかありません。

　たとえば、J銀行が預金口座をもっていて、F銀行とつながりが深いヨーロッパ大手のG銀行も預金口座をもっている銀行として、アメリカのU銀行があったとします。ただし、ともに米ド

図表2-8　国家通貨での国際送金の原理

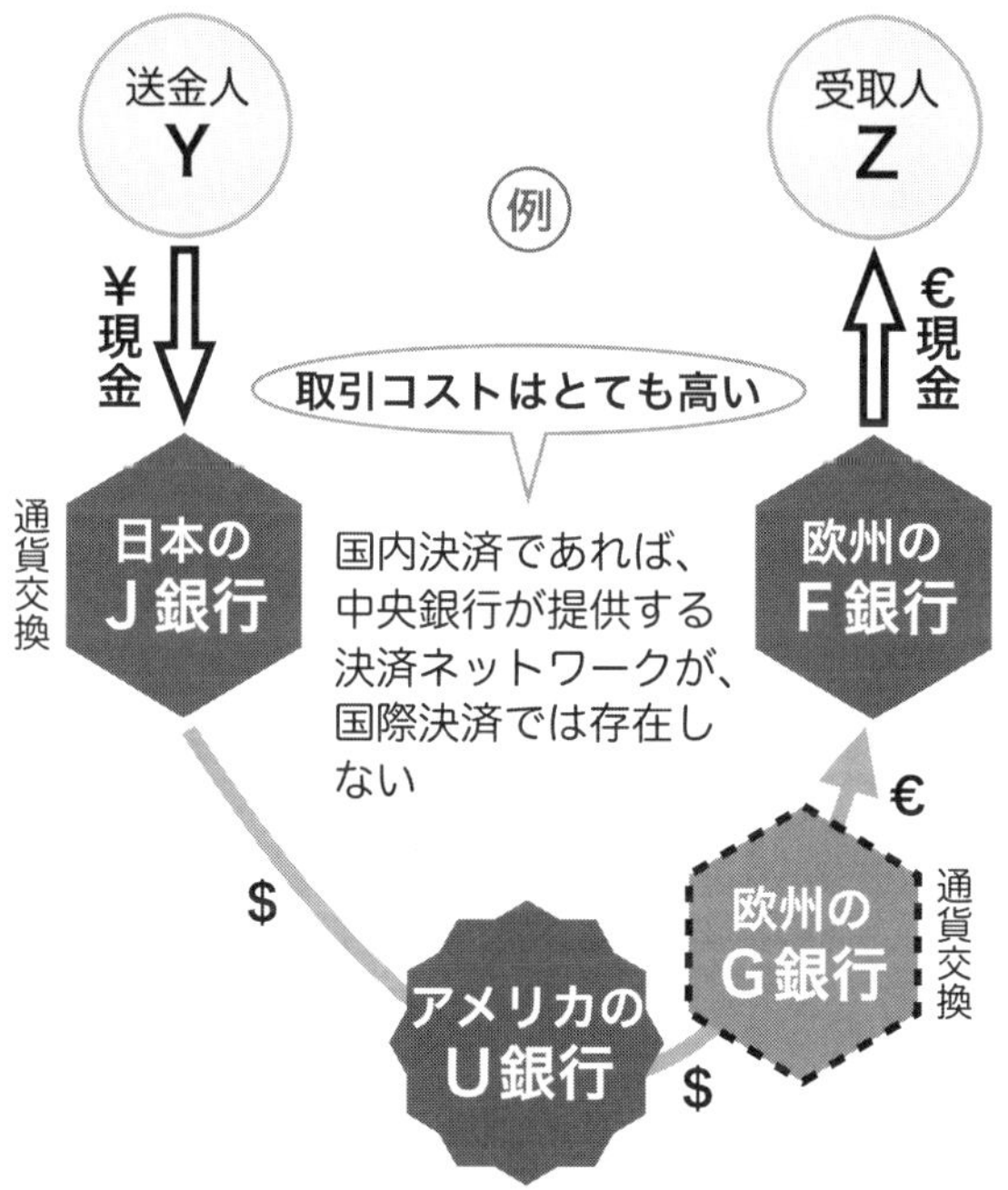

◎各銀行で手数料がかかるうえに、最低手数料が設定されているので、送金する金額が数千円程度までなら、手数料合計のほうが送金額より高くなる

◎手数料を受取人Zが負担するなら、Zはカネをまったく受け取れないだけでなく、逆に超過分の手数料を支払うことになりうる

◎送金をおこなってみないと、手数料がいくらかかるかわからないケースもよくある

ルの預金口座しかもっていないとしましょう。Yが持ち込んだ円の現金を、J銀行が米ドルに交換し、U銀行の預金口座を通じてG銀行に渡します。G銀行はこれをユーロに交換してF銀行に渡します。それぞれで預金ネットワークでの決済がおこなわれて、最後にZがもつ預金口座にユーロが入金され、Zが現金で引き出せば送金完了です。

小切手の受け取りをやめさせる銀行員

ただし、民間の銀行の決済ネットワークを利用するのですから、それぞれの銀行を通るときに手数料がかかりますし、円を米ドルにしてからユーロにしていますので、為替手数料も高くなりやすいといえます。さらに、こうした取引では、各銀行が「最低手数料」を設定していることが多いことが、重要なポイントです。

送金額の一定パーセントとして手数料が計算されるのですが、そうして求めた手数料がたとえば3000円未満のときには、手数料は3000円になるというように、手数料の下限が決められているのです。これを最低手数料などと呼びます。

国際決済ではこんな送金のやり方になるため、手数料の合計は高いのがふつうで、送金手続きに取りかかってみないと、どの銀行を通して送金できるかがわからないこともあります。アフリカの銀行などに送金しようとすれば、さらに多くの銀行が間に入るかもしれません。完了までの日数もかかりやすく、書類の記入ややりとりも多く、取引コストがとにかく高くなります。

現実に、海外から送られてきた海外銀行の小切手を、受取人が取立方式で換金しようとして、カネをまったく受け取れずに、逆に超過分の手数料を支払うハメになることがあります。小切手の金額が数千円で、手数料がいくらかかるかわからないままに受取人が取立を依頼すると、合計でかかった手数料が小切手金額をオーバーしてしまい、受取人にはそのオーバー分が請求されるといった事態が起きるのです。筆者（吉本）が銀行で働いていたときにも、そんな悲劇を避けるために、小切手を持ち込んだ顧客の取立依頼をやめさせようと、窓口の銀行員が必死に説得するケースがよくみられました。

こうした決済ネットワークの事実上の中心にあるのが、アメリカの大手民間銀行であるからこそ、米ドルが基軸通貨として機能しているのです。世界のいろいろな銀行がアメリカの大手民間銀行を決済の〝ハブ〟として使っているから、これを変更するのはむずかしいと考えられます。そうして、米ドルの基軸通貨としての地位は維持されているのです。

実際に、世界の外国為替市場の取引の約9割は、米ドルを相手とする取引です。日本からロシアに送金をするときでも、円をいきなりルーブルに交換してしまうと、国際的な預金ネットワークが使いにくいからです。円を米ドルに交換してアメリカの大手民間銀行経由でロシアの銀行に渡し、そのあとでルーブルに交換してもらうほうが効率がよかったりします。

このように、アメリカの大手民間銀行を中心とした国際決済ネットワークは、取引にかかるコストが高いものの、みんなが使うからますます標準化してきました。アメリカの大手民間銀行にとっては、収入源のひとつとして既得権化しています。しかし、超低金利の下ではどれほどの価値がある既得権か、よくわかりません。手続きだけが面倒な少額の国際送金の最低手数料を得ても、それほどうれしくはないでしょう。

他方で、この決済ネットワークをアメリカ政府が政治利用することもあります。典型例は「金融制裁」と呼ばれる行為です。アメリカ政府がアメリカの大手民間銀行に命じることで、近年では、北朝鮮やロシア要人の国際決済を止めたりしました。

東西冷戦の時代に、アメリカが旧ソ連の米ドル預金口座を凍結したこともあります。それでも米ドルを国際決済に使いたいソ連陣営の国々は、アメリカの大手民間銀行を避けてヨーロッパの銀行に米ドルを預け、「ユーロ（Euro）市場」が生まれました。ヨーロッパでの米ドルの金融市場のように、通貨発行国以外の国・地域で金融取引がおこなわれる市場のことです。

アメリカ政府がそうした経済制裁をおこなうこととの善し悪しとは別に、国家通貨の法的強制力は、いざとなれば諸刃の剣になるとわかります。国家が国民の預金を勝手に使ったり凍結したりしかねないことは、キプロス政府にそれをおこなうようにと、ドイツやフランスなどの政府が要求したことを考えれば明らかです。

通貨にはイノベーションの余地がたくさんある

いずれにしても、既存の国家通貨は、国際・少額決済において通貨として機能しないケースが多いのです。通貨は、決済の取引コストを下げるから使われてきたのであり、テクノロジーとニーズの一致があれば、まだまだイノベーションが起きそうな分野です。アメリカの大手民間銀行が既得権を握っているから、国際決済での高すぎる手数料を引き下げるための競争が働きにくかったのですが、そうした場合も、画期的なイノベーションが競争相手を生むことがあり、ビットコインはその有力な競争相手として登場しました。

銀行間の預金決済のやり方は、じつは21世紀に入ってから大きく進歩していて、イノベーションがまだまだ続きそうです。しかし、欧米や中国などの銀行に比べて、日本の銀行は国際決済の利便性を高めることに消極的だといわれています。

図表2－9にあるように、ビットコインを使った国際決済はシンプルで、それゆえに取引コストがかなり低いのが大きな特徴です。IT端末の扱いにさえ慣れていれば、すべて電子データのやりとりでできて、しかも支払人と受取人の双方が自分たち自身でやれるからです。預金を前提

図表2-9　ビットコインでの国際送金の原理

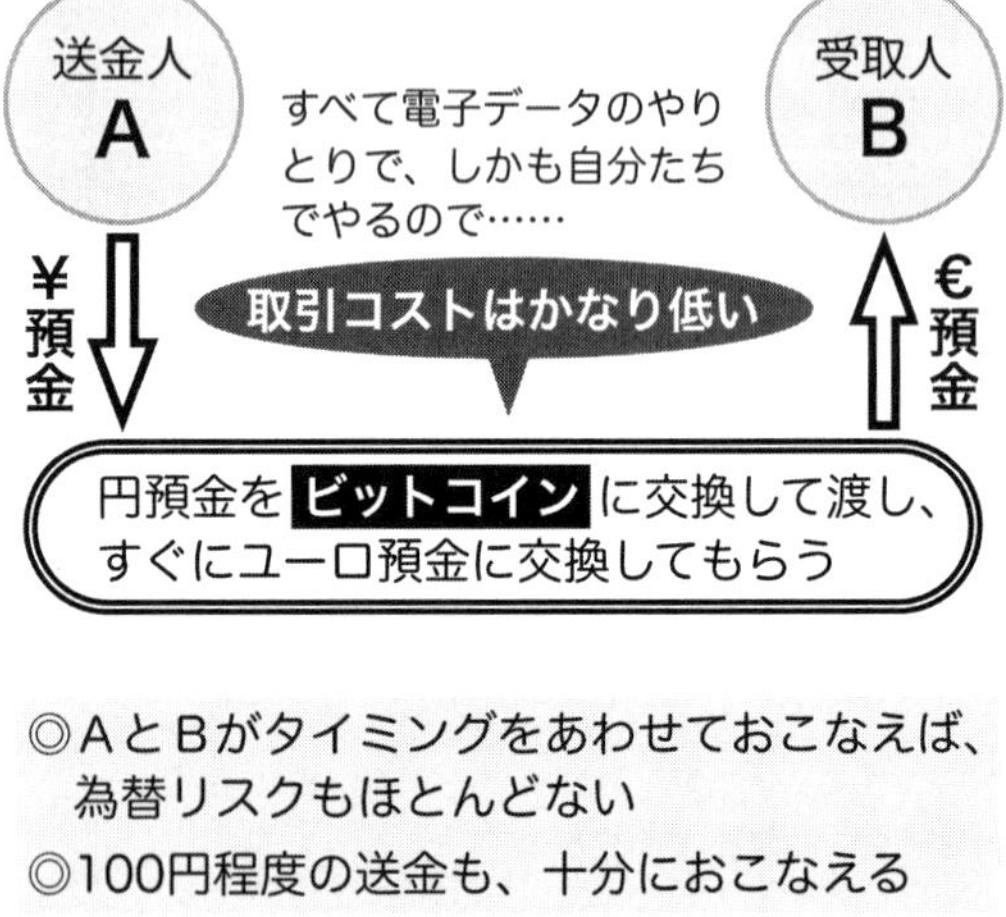

◎AとBがタイミングをあわせておこなえば、為替リスクもほとんどない
◎100円程度の送金も、十分におこなえる

にすると、送金人Aが円預金をビットコインに交換して受取人Bに渡し、すぐにユーロに交換してもらえばいいわけです。これでBはユーロ預金を得ます。

手続きの完了までにさほど時間もかからないので、AとBがタイミングをあわせておこなえば、為替リスクもほとんどありません。「Ｓｋｙｐｅ《スカイプ》」を使って電話をすれば、安くすむのと同じような話です。ビットコインを使えば、１００円程度の海外送金でも十分に成り立ちます。ビットコインのきちんとした用途・ニーズのひとつがここにあります。

ビットコインとクレジットカードはライバル

これまで、少額の国際決済にいちばん使い

やすかったのは、クレジットカードです。すでに述べたように、クレジットカードそのものは通貨ではありません。預金決済の補助手段であり、金融機能を付加するものです。クレジットカードを使う国際決済は、銀行の預金ネットワークだけでは決済がむずかしいケースでも、金融の力を使って決済を成立させます。カネの流れとしては預金ネットワークを使って決済するのですが、クレジットカード会社の金融機能も使うところがポイントです。

93ページの図表2−8の例であれば、送金人Yが預金口座をもつ日本のJ銀行と、受取人Zが預金口座をもつヨーロッパのF銀行を、無理に預金ネットワークだけで結びつけようとするからむずかしかったのでした。クレジットカード会社がカネを貸し、まずはF銀行にあるZの口座にユーロを支払えば、話は簡単になります。しばらくして、J銀行にあるYの口座から円を引き落とします。その期間はクレジットカード会社がカネを貸していることになります。J銀行とF銀行にある2つの預金口座を、通貨（預金）のやりとりではなく、まずは“金融”で結びつけて、決済を完了させるのです。

じつは、ビットコインの登場を脅威と感じているはずの企業として、クレジットカード会社があります。少額の国際決済をビットコインが担うようになると、クレジットカード会社の金融ビジネスを侵害するからです。他方で、アメリカの大手民間銀行はさほど困らないでしょう。すでに述べたように、国際決済ネットワークの中心にいるという既得権は、少額の決済についていえ

図表2-10　預金＋金融 vs. ビットコイン

【 少額の国際決済に使える２つの方法の比較 】

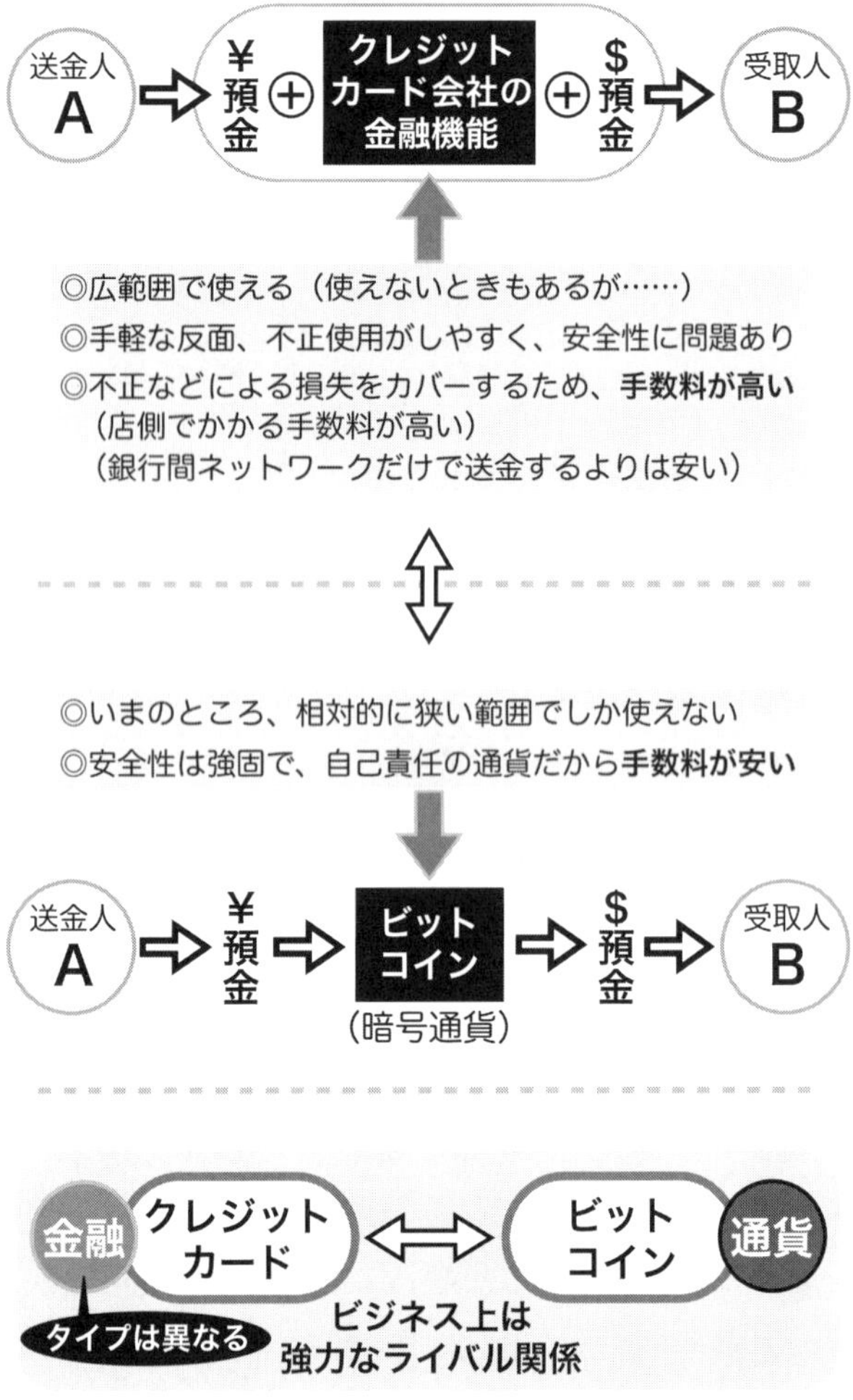

ば価値の高い既得権ではありません。銀行は「少額の国際決済についてはビットコインに任せてもいい」と考える可能性が高そうです。

クレジットカードは、ビットコインとビジネス上のライバル関係にあります。図表2－10で比べてみましょう。どちらも国際決済のプロセスはわかりやすく、いまのところ一長一短がありま す。

クレジットカードでの国際決済は、広い範囲で使える点で優位にありますが、どうしてもビットコインより高い手数料になります（銀行間ネットワークだけで送金するよりは安いのですが）。金融機能を使った決済ですから、どうしてもリスクを避けられず、しかも、いま使われているクレジットカードのなかには安全性に問題があるものが多いという事情もあります。手軽な反面、不正がしやすく、現実に毎年巨額の不正使用被害があります。これをカバーするために手数料を下げられず、店側でかかる手数料が高いのです。

ビットコインは単に取引コストが低い通貨として国際決済に使われますから、クレジットカードよりずっと低い取引コストで決済を完了させられます。「決済に使う通貨としては価値が不安定だ」と指摘する人もいますが、根本的な誤解があります。海外でクレジットカードで買い物をしたときにも、適用為替レートが決まるまでに時間があると、けっこうな為替リスクがあります（ただし、これに対処できるサービスもあります）。いずれにしても、買い物のタイミングと通貨交換のタイミングがずれることにこそ、問題があるのです。

図表2−9の説明で述べたように、国際決済のときにだけビットコインに交換し、送金してすぐに米ドルやユーロなどに交換してもらえば、為替リスクはきわめて低く抑えられます。安全面で脆弱《ぜいじゃく》なクレジットカードと異なり、ビットコインの情報技術面の安全性は強固で、自己責任の通貨だから手数料が安いというのが、ビットコインが優位になる点です。

クレジットカードと比べたときのビットコインの明らかな欠点は、使える店などの範囲です。クレジットカードは長い年数をかけてこれを広げてきました。ビットコインの場合にはこれがまだまだ狭いといえます。

ただし、タイプの異なるライバルがビジネス上の争いをするときには、両者が協力・融合することもあります。クレジットカード会社がビットコインを自らのビジネスに取り込む可能性もあるでしょう。実際に、クレジットカード会社そのものではありませんが、42ページで紹介したSquareが、ビットコインに対応すると発表したことを52ページで述べました。

送金サービス全般についてみると、昔は、銀行が公共料金や税金の納付をあつかうことに熱心でしたが、近年はコンビニなどに任せようとしています。理由は簡単で、超低金利時代になったからです。

納付される資金がたとえ一日でも銀行に滞留すると、金利がつきます。日々多額の納付を請け負えば、また、給与振込と各種の引落のための普通預金口座を開設してもらえば、常時一定残高以上の資金滞留が続きますから、銀行は長期にわたって金利が稼げます。

この金利がそれなりに高いうちは、公共料金・税金の納付、振込、引落などの預金決済サービスの提供は、人件費などのコストが高い銀行にも利益がある業務でした。しかし、金利が低いと滞留資金で稼げる金利が減るため、銀行にとってビジネスとしての魅力が弱まりました。

いまなら、ビットコインが少額の送金サービスを担うことに、銀行からの抵抗は少ないでしょう。国際決済の場合は、もともと銀行が少額の送金サービスを放棄していたともいえます（本気で断っていましたから）。クレジットカードとは強力なライバルになりますが、クレジットカードの手数料（とりわけ店側が負担する手数料）は高すぎたともいえます。その根本原因はセキュリティの脆弱さにあります。情報技術面の安全性が高いビットコインが、少額の国際決済での優位性を武器に成長しつつあるのは、必然といえます。

対談コラム2

「匿名性」についてとことん考えてみる

西田　じつは当初、ビットコインを〝通貨〟と呼ぶのに抵抗感がありました。通貨と呼ばれるものは、制度として認められたものであるはず、という思い込みがあって……。

吉本　お気持ちはわかります。でも、そもそも国の制度のほうが後追いで、中央銀行などの国家機関がどれを通貨と認めるかは、実態として通貨として機能しているものの残高を把握する目的で選んでいる感じです。金融政策を運営する際の基礎データとして適切になるように、通貨の定義を考えているわけです。

西田　それでも、〝通貨のようなもの〟として機能していそうだから実態を把握するという話と、通貨として認定するという話は異なります。

吉本　論理的にはその通りです。ただ、量的にはメインの通貨となる預金が、種類によってどこまでを通貨とみるかは決めにくく、それなら国債とかはどうだといった話になって、だから、なにが通貨かという話は、そもそもいいかげんなのです。

西田　法的強制力を与えられた現金だけを通貨と呼べば、定義は厳密にできるけど、現実の経済活動では〝脱現金〟化が進んでいるから、通貨かどうかの判断がむずかしい預金なども通貨にふくめようとして、通貨かどうかの線引きのほうがあいまいになった、ということですね。

吉本　はい。だから、プリペイドカードにチャージされた残高が、現金の残高と比べて無視できない金額になれば、メジャーな交通系や流通系のプリペイドカードの未使用残高合計を定期的に報告してもらって、日本銀行が通貨残高にふくめて公表するようになるでしょう。

西田　そのとき、コンビニの棚に並んでいるｉＴｕｎｅｓ ＳｔｏｒｅやＡｍａｚｏｎなどのプリペイドカードの残高も計算に入れるのでしょうか？

吉本　入れません。現金も、銀行の金庫に入っている残高は、通貨の残高には入っていないんです。それと同じで、コンビニの棚に並んでいる販売前のプリペイドカードの残高は、通貨にはふくまれません。

西田　銀行といえば、吉本さんは元銀行員ですが、最高でいくらの現金をもったことがありますか？

吉本　入行1年目の冬のボーナスシーズンに、日本銀行から現金を受け取ってくる仕事をして、2億円ずつ入ったケースを両手にもったことがあります。計4億円です。ケースも重いから、本当に重かった。現金は〝本当に不便だ〟と痛感しました。

西田　それでも私たちは現金を使う。

吉本　銀行に不信感をもっているから、現金しか信じないという人もいますが、現金のもつ〝匿名性〟を重視する人もいます。犯罪者とか、あるいは、決して他人に知られたくない買い物のときとか……。

西田 ところが、匿名性はそんなに簡単なものではありません。

吉本 どう考えればいいのですか？

西田 まず、匿名で決済をしたい、という要望には2つの側面があります。ひとつは、文字通り「自分の名前を伝えることなく決済する」ことであり、もうひとつは現金支払のように「IDやパスワードを使わず、簡単に決済する」こと。

吉本 なるほど、その2つがニーズとして混在しているわけですね。私は、後者の側面をあまり意識していませんでした。

西田 いまおこなった決済が匿名かどうかをはっきりとは意識していなくて、だから匿名でないことに不満をもたないケースもよくあります。たとえば、ＡｍａｚｏｎやＳｕｉｃａでの買い物は匿名ではありません。

吉本 Ａｍａｚｏｎで買うときには匿名でないことは、誰でも理解しているでしょう。ＩＤとパスワードが必要だったり、画面に私の名前が出ていたりしますし、利用履歴も残りますから。

西田 一方で、Ｓｕｉｃａは決済がシンプルで、利用履歴もＡｍａｚｏｎほど意識することがありませんから、匿名でないことの不満は小さくなります。

吉本　なるほど。単に、手続きが面倒なのは嫌だという理由だけで匿名を好む人は、手続きさえ簡単なら、匿名でなくてもいい。2つの側面を分けて考えるべき理由が、よくわかりました。

西田　〝匿名〟とは、「自分の個人情報が残っていない」「自分が他人から特定されない」ことを指すように思えますが、実際には、より条件が複雑です。

吉本　具体例を挙げてください。

西田　医薬品を買うことを考えましょう。ネット通販と店頭購入では、一見ネット通販のほうが匿名性が低いようにみえます。しかし、「店員が自分の顔を知っている可能性が高い、近所の店で買う」ことと、「自分のことはまったく知らない、ネットの向こうにある店で買う」ことを比較すると……。

吉本　たしかにそのケースでは、ネットのほうが相対的に匿名性が高い感じがします。

西田　人間の感情としての匿名性は、後者のほうが高いわけです。

吉本　現金が、決済手段として匿名性をもつとしても、それだけで匿名性が確保できるわけではないという話ですね。

西田　匿名化された情報であっても、複数の情報が組み合わされて使われると、それぞれの情報で扱われる領域のちがいから、その人が誰かを特定できてしまうことがあります。だから、「個人名や住所が記されていないから安心」と考えるべきではない。

吉本　個人名などを明かしていないから匿名のはずだと安心して、ネット上で自分の悪事を告白した人が、複数の状況証拠から個人名を特定されてしまうというケースは、よく報じられていますね。

西田　また、匿名だからいいとは限りません。

吉本　これは本書ですでに出てきた話です。現金とビットコインは、匿名だからこそ、失ったときに戻ってこない。原則としてはそうなります。落とした財布に入っていた現金が戻ってくるとしたら、財布に匿名でないなにか、たとえば運転免許証などが一緒に入っていたりするからです。匿名でないから助かったというケースはよくあります。

西田　匿名での取引は、失敗やトラブルを避ける方法が限定的で、消費者保護の観点では問題があります。

吉本　とはいえ、匿名でない取引で利用履歴が残ってしまうことで、トラブルに巻き込まれるケースもある。悪徳商法に引っかかった人の名簿が、別の悪徳商法の業者に渡ったり……。

西田　匿名がいいかどうかではなく、その人にとって納得しうる情報の出し方とはなにか、が問題なのだと思います。

吉本　現状では、その判断を自分でできる人はとても少ないでしょうね。自分の意図通りにコントロールすることもむずかしいでしょう。私自身、まったく自信がありません。

第3章

ビットコインを支える暗号技術

——コピーできても偽造できない通貨

暗号通貨の本質は「データを複製させずに流通させる」

ビットコインは、コンピュータ上に記録されたデータを暗号化し、その「一意性《いちいせい》」を保証することで、通貨になりうる属性をもたせたデータ、と定義することができます。コンピュータ上のデータは、本質的にはどれも複製（コピー）が可能です。他方で、通貨が簡単に複製できるようでは困ります。偽札《にせさつ》がいくらでもつくれるということですから。紙幣の物理的な複製に対しては、インクの種類を工夫したり特殊な印刷技術を使ったりすることで、ある程度対処することができます。物理的な条件を整えないと複製がむずかしい手段で製造することが、いろいろと可能だからです。

しかし、データのコピーは完全には防げません。よく「コピーできないデータ」という表現をみかけますが、厳密には正しくないのです。

現実的な対応策は2つあります。

第一に、コピーしても正当な持ち主以外には「読めなくする」。第二に、ネットワークを使って「データの正当性をつねに確認しながら動作する」ようなシステムを整える。このどちらかです。前者がいわゆる「暗号化」であり、後者が「システム化」です。コンピュータネットワーク上で「コピーできないようにしながら流通しているもの」は、いずれもこれら2つの側面を併用して動作しています。

いくつかの条件を満たすことが前提になりますが、たとえコピーできたとしても、暗号化によって事実上、その中身をみたり利用したりすることができないようにしたデータを、本書では「コピー（複製）できないデータ」と呼ぶことにします。ビットコインがまさにそれですが、順を追ってそのしくみを説明していくことにしましょう。

「決済の管理」を考える

暗号化とはなにか、ということは、のちほどくわしく解説するとして、もうひとつの「システム化」について考えてみましょう。

一般的なネットワークサービスは、どこかに「サーバー」が存在し、そこに「クライアント」が接続することで構成されます。私たちが利用するパソコンや携帯電話はもちろん、銀行のATMや店舗のレジスターもクライアントにふくまれます。交通系プリペイドカードの代表格である「Ｓｕｉｃａ」でいえば、駅の改札ゲートもクライアントです。サーバーという「サービスを提供する母体」を誰かが管理し、クライアントを利用する人々はそのサービスを享受する、というかたちになっているわけです。プリペイドカードにおいては「決済」がそのサービスにあたります。

こうしたしくみがとられている理由は、信頼性を保証すること、そしてその信頼性を利益に還元するためです。たとえばＳｕｉｃａの場合、システムはＪＲ東日本が中心となって管理しています。Ｓｕｉｃａ対応のカードや携帯電話をかざすと、電車に乗ったり買い物をしたりできることから、「カードの中におカネが入っている」イメージをもっていますし、利用するうえではそれで大きな問題はないのですが、実際にはもっと複雑な話になります。

カード内に記録されているのは「取引履歴」です。具体的には、残高と、どこでなんのためにいくら使ったのか、が記録されています。電車の運賃の場合、駅の改札でＳｕｉｃａをかざすと、駅への入退場情報が確認され、それを元に運賃が計算され、残高と照会したうえで、足りていれば入退場情報と新しい残高が記録されてゲートが開き、不足していればエラーが出てゲートが開きません（厳密にはオートチャージ処理などもありますが、ここでは割愛します）。レジで買い物をした場合にも、なにを買ったのかが記録され、残高との照合がおこなわれます。

ゲートやＳｕｉｃａ対応レジはすべてネットワークにつながっており、各Ｓｕｉｃａカードや携帯電話の利用履歴と残高情報は、ＪＲ東日本などの運営元が管理するサーバーで照合され、情報にまちがいがないことが確認されます。通常こうした処理は、ほぼリアルタイムにおこなわれており、管理サーバー上の「Ｓｕｉｃａにチャージされた金額」とカード上の「使えるはずの金額」は同一であるよう保たれています。もちろんそうして決済された情報は、駅・店舗とＳｕｉｃａ運営会社の間でやりとりされ、最終的には駅や店舗の売り上げに反映されます。

ここまでをみると、Ｓｕｉｃａにチャージされた残高のデータは通貨であり、実際に通貨として決済に使えます。しかし、Ｓｕｉｃａはカードをなくしても同じ額で再発行できますし、トラブルがあって駅のゲートを通れなかったときでも、駅員が端末でチェックしてから出ることができます。こうしたことができるのは、カードの中にある残高データとは別に、リーバー上にも残高データが存在するからです。つまり、サーバー上の残高データこそが本来の通貨です。

巷《ちまた》にある電子マネー系の決済サービスは、物理的なカードを使うか使わないかというちがいはあるにしろ、おおむねＳｕｉｃａに近いかたちをとっています。技術的なしくみは、クレジットカードも同様です。Ｓｕｉｃａの残高を「クレジットカードの与信額」、Ｓｕｉｃａのカードそのものを「クレジットカード番号」と読み替えれば、決済のしくみはほぼ同じだからです。クレジットカード会社のシステムにアクセスし、「そのクレジットカード番号で、指定された買い物ができるかどうか」を毎回確認しているわけです。

ただし、クレジットカードの場合は、それだけで決済が完全に終わるわけではありません。決済口座に指定されている預金口座から、買い物金額が引き落とされて初めて、消費者側の決済が終わったといえます。したがって、プリペイドカードの残高は通貨であっても、クレジットカードの与信額は決して通貨ではありません。

クレジットカードの場合、買い物と決済完了のタイミングがずれますから、金融の要素をふくみます。じつは、プリペイドカードも、お店におカネが振り込まれるまでに時間がかかれば、その間は金融の要素が生じます。これはデビットカードでも同じです。いろいろなカード、また電子マネーと呼ばれるものは、たいてい、なんらかの金融の要素をもっています。

金融の要素があると、貸し借りが解消されるまでは管理することが必要です。だからこそ、システム化によって対応しているのです。もっとも、暗号技術も応用されています。

決済額や実際の決済にかかるスピードなどは、採用しているしくみによって異なります。Ｓｕｉｃａのようなプリペイドカードは、利用者の本人確認をするシステムをもたない代わりに決済までのスピードが非常に素早いのが特徴です。その代わりに利用額を抑え、不正利用時のトラブルリスクを軽減しています。クレジットカードは、金額の多寡や、買い物対象となる商品などの自由度を高めている一方で、本人確認や決済にかかるコスト、店頭などでの決済手続きが終わるまでのスピードに制約が課せられています。そこでのリスクヘッジや自由度を「決済の便利さというサービス」として提供するのが、クレジットカード会社の役割です。

電子マネーもクレジットカードも、消費者側の決済手続きを楽にすることで、年会費や決済手数料などのかたちで対価を得るビジネスによって提供されています。なお、決済手数料は、主にお店から徴収されますが、それが商品価格に反映されていれば、消費者が負担することになります。

ビットコインはネットワーク全体で支えられている

前置きが長くなりましたが、そうしたものとビットコインは本質的に異なります。本章冒頭で述べたように、ビットコインは「データではあるがコピーされず流通できる」しくみを備えたものです。しかし、Ｓｕｉｃａなどとは異なり、どこかの企業が開発して管理しているものではありません。では、ビットコインの流通システムを支えているのは誰なのか？　それは「利用者全員」です。

ビットコインはどこかの企業が開発して運営するシステムではありません。２００８年末に「中本哲史」を名乗る人物が、暗号情報についての研究者同士の情報交換ネットワーク上で公開した論文に基づき、さまざまな人々が構築したシステムの組み合わせで実現されています。「中本哲史」が誰で、どんな人物なのか、正体はわかっていません。「中本氏」がどこまでビットコインのシステム開発に関わっているかも不明です。

ビットコイン論文に触発された市井の技術者が分担して開発し、現在も同様のしくみでソフトの改良が加えられています。一見野放図な開発体制に思えますが、こういった開発の枠組みは、現在広く普及しており、ネットワークを支えるサーバー技術からスマートフォン、家電にいたるまで、多くのソフトウエアで使われています。多数の人の目でソフトウエアの改善がおこなえることになり、結果的に開発速度・改善速度が向上するからです。そのしくみは非常に興味深いものなのですが、本書では「ビットコインもそういうしくみでつくられている」とだけご理解いただければ十分です。

正体がわからない人物の論文を元にしているとはいえ、その内容は広く公開されています。それを元にすることで、ビットコインに類似した「暗号通貨」システムは、誰にでも開発可能であり、実際に「ライトコイン」など、似たものはいくつも存在します（図表3-1）。しかし現状では、元祖的な存在であるビットコインがもっとも広く使われており、他の暗号通貨はニッチな存在にとどまっています。

ビットコインは「1BTC」を単位にやりとりされますが、電子マネーなどとちがい、「円の現金の代わりにビットコインという電子マネーを発行する会社」は存在しません。したがって、1ビットコイン＝いくら、という定まった換金レートはなく、同様に、「なにに使うか」も定まっていません。投機目的で保有する人を除くと、現在は、電子書籍などのオンラインコンテンツの購入やゲームのようなネットワークサービス利用料金の支払、各種団体への寄付などの用途が

図表3-1　ビットコインのライバル候補

暗号通貨のセンター争いは、2014年春の時点では、
圧倒的にビットコインがリードしているが……

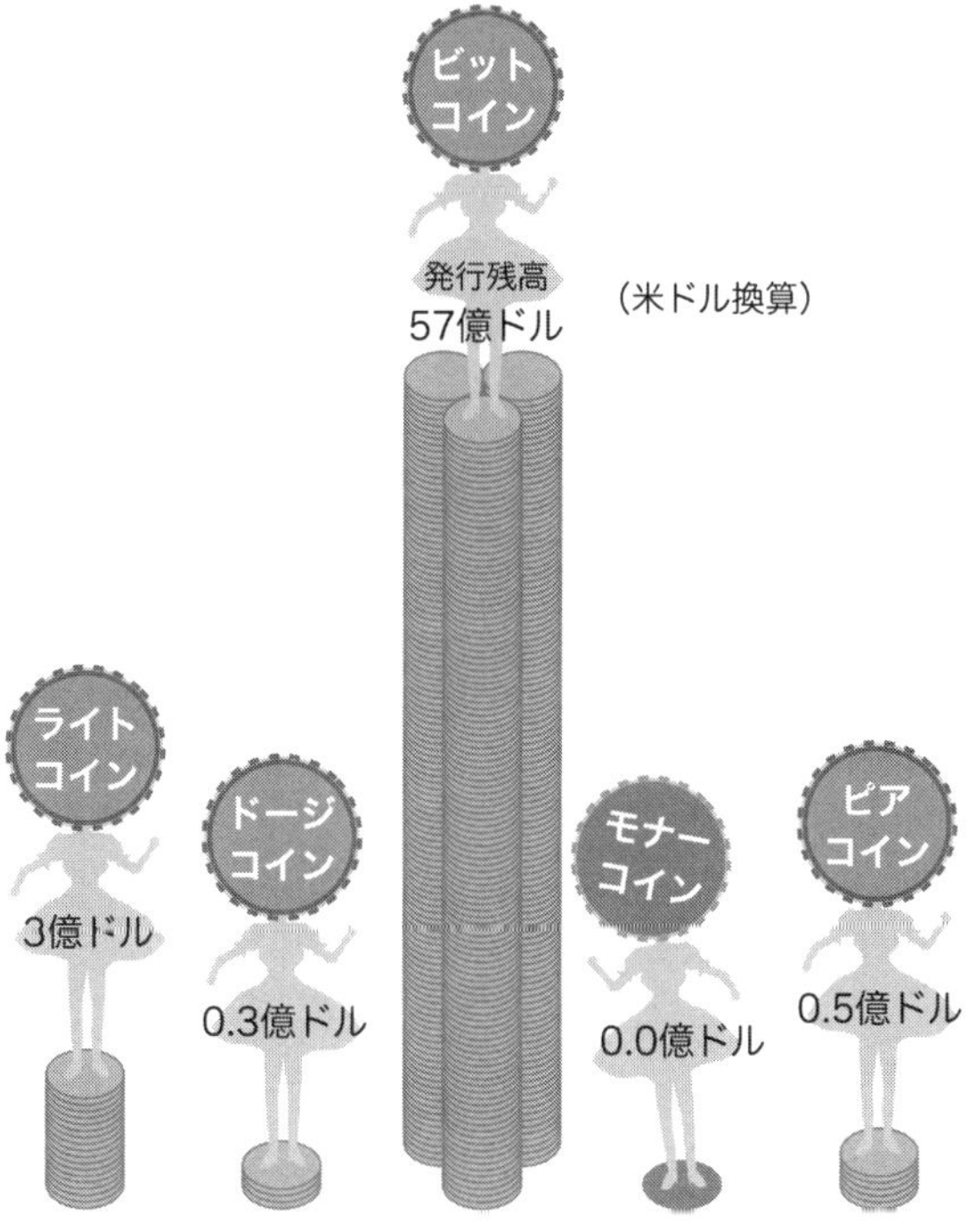

※2014年4月25日現在

この図に一部示したような、若い暗号通貨が続々登場
しており、ビットコインを追いかけて競争している

中心ですが、カフェでの飲食の支払に対応した例もあります。

コンビニでの支払や旅行代金など、今後より広い用途で使えるようになっていくかどうかは、そうした事業を展開する企業が「ビットコイン支払を受けつけるか否か」で決まります。現状ではまだ、「現実世界での支払」に使える例は限られています。

逆にいえば、「ビットコインがいつまで使えるか」は、企業側がいつまでビットコインでの支払を受けつけるのか、で決まります。これは、第2章で出てきた「通貨の寿命」の問題です。

他方で、ビットコインそのものは「誰かが管理している」わけではないので、ビットコインの利用者がどこかにいて、ネットワークが維持されるかぎり、なくなるわけではありません。この、「データとしてのビットコインは存在する」ことと「ビットコインで支払ができる」こととのちがいを覚えておいてください。

「採掘」で生まれるビットコイン

ではどうやって「ビットコイン」を生み出すのでしょうか?

「マイニング」と呼ばれる手法を使い、演算によって生み出された特定のデータを暗号化し、「世の中にひとつしかないデータ」にする、すなわち一意性をもたせることで、通貨として使える属性を与えます。マイニングはコンピュータ上のソフトにおこなわせるある種の作業であり、その結果、一定単位のビットコインを得ることができます。

「マイニングという作業の具体的な中身がなんなのか」「そもそもなぜ暗号化されるとコピーができなくなるのか」という疑問があるかとは思いますが、のちほど改めて解説しますので、ここでは「そういうものだ」という理解にとどめていただいて結構です。重要なのは、作業の時間と電気代さえかければ、「暗号通貨」を得ることができる、ということです。

マイニングという作業により、「世の中にひとつしかないデータ」が生まれるわけですが、ビットコインの場合、その個数は有限で、理論上2100万BTC分、とされています。これは中本氏が決めた上限です。中本論文には、通貨が制限なく発行されることで、やがてインフレーション（物価の上昇＝通貨の購買力の下落）がひどくなることを避けようという意図が、はっきりと示されています。

そのために、「マイニング」という特別な作業をおこない、暗号化された複製不可能なデータを生み出し、理論的にそれが「ある一定以上の数にならない」ように制限をかけているわけです。これはある意味で、現在使われている紙幣よりも、昔の金貨や銀貨に似た性質である、と考えてもらったほうがいいかもしれません。そもそも「マイニング」という言葉自身が、英語の「採掘」から採られたものであり、類似性があるのも当然です。

ビットコインは２００９年から使われ始めましたが、２０１１年頃まで、ネット技術にくわしい一部の人々以外の目に触れることはまれでした。２０１１年頃を境に、ビットコインの価値の上昇が注目され、ビットコイン取引の市場（ビットコインを通貨のひとつとみれば、異種通貨の交換をする外国為替市場）に巨額の投機資金が流入するようになり、株のバブルのようになりました。

そうしてビットコインの価値が上がったことで、当然ながらマイニングをする人も増えましたが、それ以上に投機資金の流入が激しくなり、ますますマイニングが盛んになった経緯があります。

このとき、もしあっというまに大量のマイニングができてしまうと、一時的にビットコインの供給量が増えすぎて、価値が暴落し（ビットコインで物価をみたときのハイパーインフレーションが起きて）、通貨としての寿命を終えてしまうかもしれません。逆に、上限に達することで、ビットコイン不足が起きると予想した投機者たちが買い占めて、ビットコインが入手困難になる可能性も考えられます。

現実には、マイニングがどんどんむずかしくなるようにできていることで、激しいインフレーション（ハイパーインフレ）が起きることを防ぎながら、長い年数をかけてマイニングが続くしくみになっています。経済面では、このしくみが実に巧妙なのです。

ビットコインを失くすとどうなる？

ビットコインを構成する「しくみ」を順に解説しましょう。

事実上複製できないデータである、ということは、パソコンやスマートフォンにあるビットコインは、本質的にはコピーできない、ということでもあります。パソコンが壊れてしまった場合、適切な処理をおこなわないと、その中にあったビットコインは取り出せなくなります。Ｓｕｉｃａなどのプリペイドカードなら、管理する企業のサーバーに取引情報が残されていて、機械の故障のようなシステム上のトラブルの場合には、たいていの場合、対処が可能です。

電子マネーでは、電子マネーサービスを提供する会社に若干のお金を預け、電子マネー利用に必要なＩＣカードなどを得る「デポジット」と呼ばれるしくみが採用されています。デポジットも、取引情報をサービス元が把握し、万が一のトラブルに備えるためのしくみのひとつです。

しかし、ビットコインには管理元がないので、そういった「フェイルセーフ」は存在しません。まちがった相手に支払ってしまったり、金額をまちがえたり、自らのパソコンが壊れたりして、ビットコインを失う場合もあります。要は、現金の入った財布の管理と同じ、と思ってください。現金支払でミスをしたとき、お金が返ってくるかこないかは「相手の善意」に依存しますが、ビットコインも同様です。

ビットコインの消失を防ぐ方法もあります。

ビットコインの暗号を解く「秘密鍵（パスワード）」を使う方法です。ビットコイン利用時には、送金などに使う「ビットコインアドレス」ひとつに対し、ひとつの秘密鍵があります。秘密鍵を知っていれば、自分がいまいくらビットコインをもっているかを把握できます。ただし、秘密鍵の再発行はできないので、メモなどを残していない状態でパソコンが壊れると、ビットコインを取り出す方法も失われます。当然ながら、この秘密鍵を他人に知られると、ビットコインは盗まれてしまいます。

ここまで説明してきたように、ビットコインは「コピーできないデータを流通させるシステム」です。ビットコインそのものがコピーできないのと同様に、誰から誰にビットコインが受け渡されたのかという「取引情報」も暗号化され、複製・変更されないかたちで残ります。当然ですが、他人に取引情報が覗かれることはありません。

その反面で、秘密鍵を覚えていないかぎり、自分も取引情報を覗けません。だから、自分自身で注意しないと、消失が起きやすいのです。

では、ビットコインをどうやって流通させているのでしょうか？　すでに述べたように、ビットコインはどこかが集中的に管理しているわけではありません。ビットコインの利用者がパソコンにインストールする「ウォレット（財布）」と呼ばれるソフトが、ビットコインを管理する「ピア・トゥー・ピア（P2P）ネットワーク」を構成します。

集中管理するサーバーがなく、利用者のコンピュータをデータが渡っていくようなかたちで構成されるネットワークのことを「P2Pネットワーク」と呼びます。

手紙を思い浮かべてください。郵便局が手紙を集め、他の場所へ送ってくれる様子は、サーバによる集中管理そのものです。

では、学校の教室内で、席の離れた場所にいる友だちへ手紙を渡すときはどうでしょう？　いわゆる「回《まわ》し文《ぶみ》」で、前後左右の席の人を順々にめぐって、目当ての相手に手紙を届ける際には、一人ひとりの学生は、手紙を送る人も受け取る人も、他人に渡す郵便局でもあります。網状にネットワークが構築され、ネットワークとしての機能（ここでは手紙の配送）を『網全体で維持する』しくみがP2P型です。ビットコインはその典型例といえます。

ビットコインの場合、ウォレットごとに特定の文字列が生成されます。これは一つひとつバラバラで、同じものがありません。ビットコイン・ネットワークで送金する際の目印になるもので、メールアドレスや預金の口座番号のようなもの……と考えるとわかりやすいでしょうか。「ビットコインアドレス・Aからビットコインアドレス・Bへ、何BTC送る」と指定するだけでビットコインの送金がおこなえます。

図表3-2　ビットコインのペーパーウォレット

ビットコインアドレスと秘密鍵がQRコード（一部をモザイク処理したもの）のかたちで表示されている

　ウォレットに蓄積されたビットコインを守るために、ビットコインアドレスと秘密鍵を紙に印刷し、保存しておくことも可能です。そうした印刷物を「ペーパーウォレット」と呼びます（図表3－2）。パソコンが故障しても、ペーパーウォレットさえあれば、ビットコインが失われることはありません。しかし、ビットコインアドレスと秘密鍵が揃っているのは、銀行のキャッシュカードと暗証番号がひとつになっているようなものです。ペーパーウォレットを他人に見られると、ビットコインを盗まれてしまう可能性が出てきます。

　サーバー集約型の管理は、どこかにまとまった帳簿があり、それを参照するようなものですから、シンプルでわかりやすいでしょう。では、ビットコインのような「P2P型」の場合はどうなっているのでしょうか？

答えは「回覧」です。回覧板は、回覧対象となる近隣の家庭へと順々に受け渡して情報を伝えます。P2P型はそれに近い概念です。誰かが一括管理するのではなく、利用者全体が情報伝達のためのシステムの一部になります。「ビットコインアドレス・Aからビットコインアドレス・Bへ、何BTC送る」という情報が回覧板のように伝わっていく、と考えてください。

ですから、あなたがビットコインを熱心に取引していた場合、あなたのパソコンも、他人の決済情報の回覧に使われます。といっても、もちろん「パソコンを勝手に他人が使う」わけではなく、「自分がおこなうビットコインの通信の中に、他人の決済情報もふくまれる」というのが正しい理解です。

なぜ決済コストが低いのか？

別のいい方をすれば、P2P型は管理コストを利用者全員に薄く広く負担させている、ということでもあります。自分のパソコンや回線上を他人の決済情報が通っていくというのは、そういうことです。ビットコインのネットワークは、システムの処理能力や通信・電気代を、ビットコインの利用者全体で負担しているのです。

どこかの企業が集中的に管理コストを負担しているわけではないため、そこに発生する費用を請求する企業はありません。ですから、一回一回の決済にかかるコストは、クレジットカードなどより劇的に小さなものになります。現実的に、ビットコインでの送金にかかるコストは、最小の場合「ゼロ」であり、高い場合でも0・001BTC（2014年3月時点で約60円）以下です。

じつは、利用者だけで低コストなネットワークを構築する、というP2P型のシステムが着目されたのは、ビットコインが最初ではありません。日本の場合には、2002年から2003年頃に話題となった「Winny《ウィニー》」があります。違法コピーコンテンツの流通や個人情報の流出といったネガティブな話題とセットで語られることが多かったために、Winnyを違法で危険なもの、と考える人もいそうです。「よくわからないけれど、報道を耳にしただけだと恐ろしそう」な印象を受ける点は、ビットコインも同じです。しかし、P2P型ネットワークは、決して危険な要素と不可分なわけではありません。Winnyの本質は、大きなデータを低コストで流通させるしくみにありました。

たとえば、DVD1枚分（約8GB）の映像をインターネット経由で配信するのは簡単なことではありません。容量の大きなデータをたくさんの人に届けるには、性能の高いサーバーと通信回線が必要だからです。一般的なネットワークシステムである「クライアント・サーバー型」

図表3-3　P2Pネットワークは「町内の回覧板」

全員が正しく、中身を改ざんすることなく、
次の人に回すことで「信頼性」が保証される

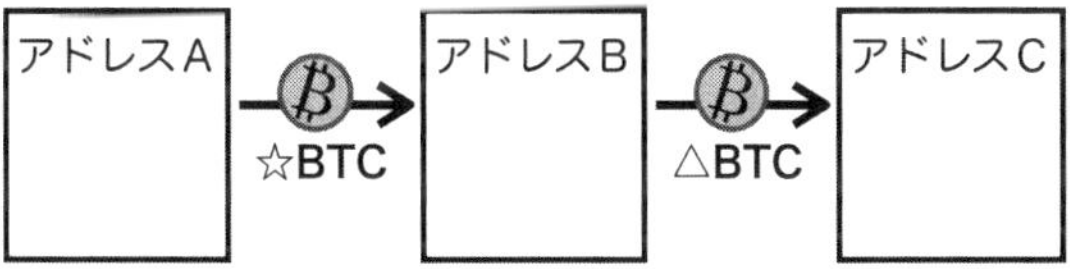

特別な手順「プロトコル」が守られることで、
「信頼性」が保証される

は、人気商品の発売日に、混雑して行列ができている店のようなものだと思ってください。店が小さく店員が少ない（＝サーバーの能力が足りず回線が遅い）と需要をさばききれず、十分な店構えにするには相応の費用がかかります。

　これとは対照的に、Ｐ２Ｐ型は回覧板のようなかたちですから、中央にサーバーがなく、パソコン同士がつながってネットワークを構築するため、どこか一点に需要が集中しづらいうえに、巨大なサーバーを構築する必要がありません。Ｗｉｎｎｙが違法コピーコンテンツの流通に使われたのは、低コストで容量の大きなデータを流通させることができたためであり、非常に画期的な技術でした。

　他方、Ｐ２Ｐ型の優れた特性は問題点と背中合わせでもあります。Ｐ２Ｐ型にとって重要なのは、「いかに信頼性を担保するのか」ということです。町内の回覧板も、全員が正しく、中身も改ざんすることなく次の人へ回してくれると期待しているから成立していますが、中身を勝手に書き換える人がいたり、回さない人がいたりすると、回覧というネットワークは機能しません。本来流れるべきでない情報が混入したときには、流通を止めたうえで、そうしたものを取り除く機能が必要になります。Ｗｉｎｎｙは、そうした「信頼性担保のしくみ」の点で大きな問題を抱えていました。そのため、違法なコンテンツや個人情報のような、流れ続けるべきでない情報をせき止めることができず、問題が広がっていったのです。

信頼性を担保するには、〝特別な手順〟が必要になります。この手順を「プロトコル」といいますが、ビットコインの本質は、信頼性よりも手軽さが身上であるＰ２Ｐ型ネットワーク上で、決済のように高度な信頼性を担保する手順、すなわち「プロトコル」のつくりにあります。決済を安全かつスムーズにおこなうための信頼性を担保する「ビットコイン・プロトコル」こそが、ネットワークで貨幣を実現する「システム」そのものです（図表３－３）。

取引情報は「ブロックチェーン」で交換

ビットコインのデータは「ブロック」というまとまりで管理されています。ブロックとは、一定時間内に発生した取引をまとめたものです。ブロックの中には、自分の手持ちのビットコイン量をふくめた取引履歴が記載されていますが、ふくまれるのは「自分の取引履歴」だけではありません。他人同士がビットコインをやりとりした情報もふくまれます。

ブロックの情報は、P2Pネットワークを介し、ビットコインを利用している人に拡散されていきます。「ビットコインアドレス・Aがビットコインアドレス・Bに何BTC送った」という情報が、より短い記述で判別できる特別なコードに書き換えられて記述され、蓄積されます。

ここで、誰かが取引情報を書き換えたとしたらどうでしょう? ある時点から、「正しい情報が記載されたブロック」と「書き換えが起こったブロック」の両方が存在する、ということになるわけです。どちらが正しいものかを判別する必要があります。

そこで再度登場するのが「マイニング」です。マイニングとは、簡単にいえば「ブロックの正しさを保証し続ける」しくみです。

すでに述べたように、ビットコインではまず、一定時間の間に発生した複数の取引をひとかたまりの「ブロック」として保存していきます。ひとつのブロックには複数の取引が記録されますが、取引情報について、額の多寡は問いません。1000BTCが一度に取引されようが、0・0001BTCの取引であろうが、取引履歴はひとつです。ブロックには、「最後のブロックがつくられた時点からブロックをつくろうとしている時点の間に起こった取引情報」と、「最後につくられたブロックの正しい値」、そして特別な「nonce《ナンス》」と呼ばれる数字がふくまれます。ここから「ハッシュ」と呼ばれる値を計算するわけですが、そのためには、非常に膨大な演算を必要とします。

ビットコインの場合には、生成される「ハッシュ」が鍵の役割を果たします。ハッシュがなんなのか、なぜハッシュが鍵の役割を果たせるのかについては、のちほどくわしく説明します。重要なのは、ハッシュという鍵さえわかっていれば、その内容が正しいかどうかを確かめるのは、簡単かつ短時間の計算ですむ、ということです。逆に、ハッシュから「本当の情報がなんだったのか」を推察するのはきわめて困難です。ブロックの末尾にはこの鍵がくっついており、ブロック・鍵・次のブロック……という風に「鎖」を構成しています。そうして、ブロック同士がつながった状態を「ブロックチェーン」と呼びます。（図表3－4）

末尾の鍵は、次の取引情報のブロックを承認するために必要です。ビットコイン・ネットワークを構築し、ブロックチェーンを延ばし、決済を進めていくには、この作業が必須になります。先ほども指摘したように、P2Pネットワークは、ある意味で「善意」のネットワークです。ネットワークを構成するコンピュータがなくなったり、間で偽の情報が差し込まれたりしては成立しません。できるだけ多くのコンピュータをネットワークに参加させ、偽の情報を排除するためのの「正確さを維持する演算」をおこなってもらう「誘因（インセンティブ）」をネットワークの

図表3-4　ブロックチェーンのしくみ

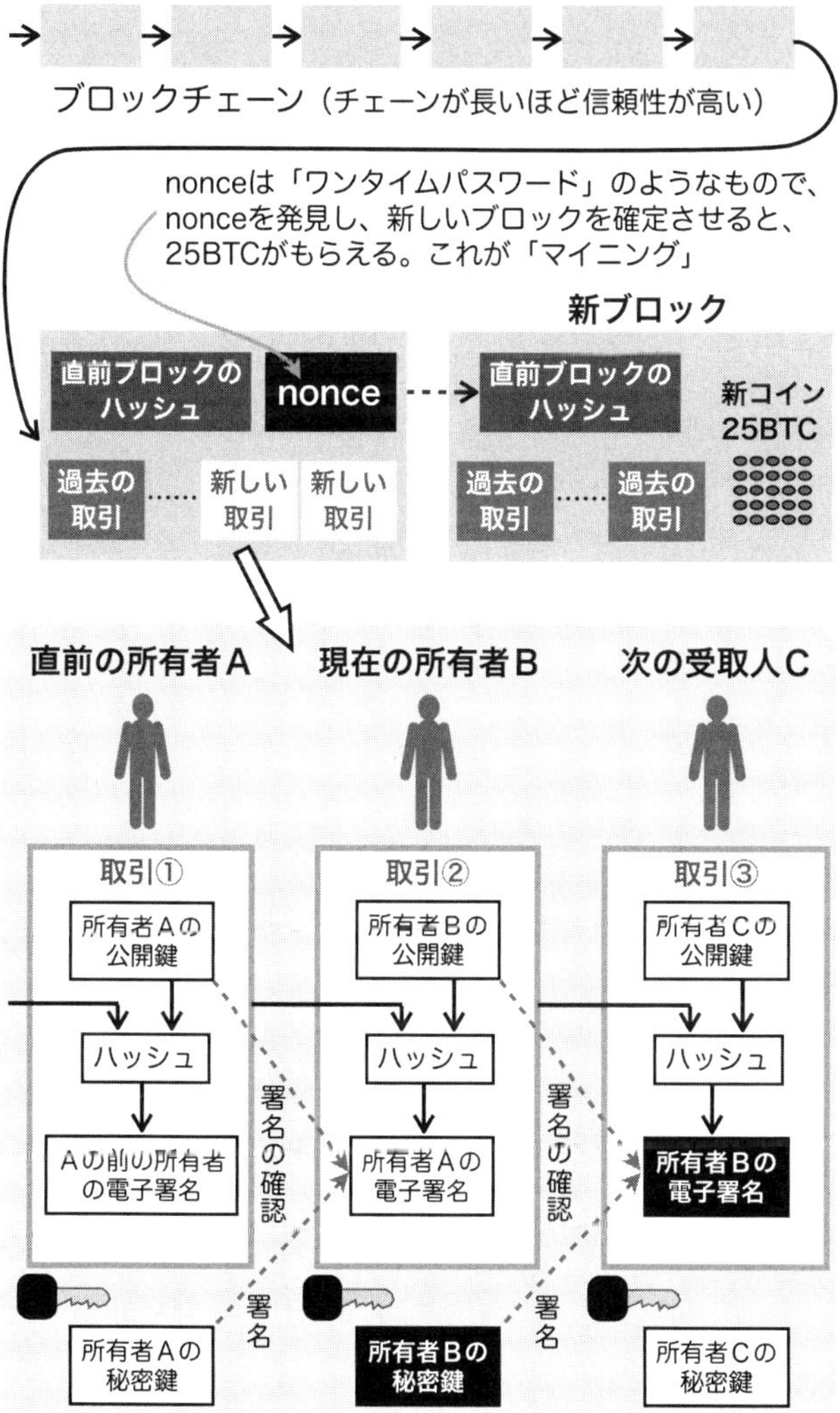
ブロックチェーン（チェーンが長いほど信頼性が高い）
nonceは「ワンタイムパスワード」のようなもので、
nonceを発見し、新しいブロックを確定させると、
25BTCがもらえる。これが「マイニング」
新ブロック
直前ブロックのハッシュ
nonce
過去の取引
新しい取引
新しい取引
直前ブロックのハッシュ
新コイン 25BTC
過去の取引
過去の取引
直前の所有者A
現在の所有者B
次の受取人C
取引①
所有者Aの公開鍵
ハッシュ
Aの前の所有者の電子署名
取引②
所有者Bの公開鍵
ハッシュ
所有者Aの電子署名
取引③
所有者Cの公開鍵
ハッシュ
所有者Bの電子署名
署名の確認
署名の確認
署名
署名
所有者Aの秘密鍵
所有者Bの秘密鍵
所有者Cの秘密鍵

参加者に与えることが、ネットワークを維持するためには重要な要素となります。

ここで出てくるのが「マイニング」です。

マイニングとは、先ほど挙げた「鍵」となる情報を計算する作業であり、新しいブロックを承認し、ビットコイン・ネットワークを維持する作業そのものです。具体的には、ブロックにふくまれる「これまでの取引情報」「最後につくられたブロックの正しい値」「ｎｏｎｃｅ」という3つの値からハッシュを算出するのですが、このハッシュが「特定の値」になるｎｏｎｃｅを見つける作業を指します。現状では「ハッシュの頭から特定の桁までがすべて0になる」ようにする、ということが条件です。0が並ぶ桁数はネットワークに参加しているコンピュータの数によって変化するしくみになっています。

条件を満たすｎｏｎｃｅを発見するには、数値を実際に当てはめて計算していくしかありません。対象となる数字の数は膨大であるため、効率的な手法で計算をおこなったとしても、適合するｎｏｎｃｅは、試行回数に対してある一定の確率でしか見つかりません。最初にｎｏｎｃｅを見つけ、新しいブロックを承認した人には、ビットコインが「報酬」として与えられます。この報酬が、ネットワークを維持する作業をおこなううえでのインセンティブになっているのです。

最新のブロックを見つけたということは、その時点で「最長のブロックチェーンを構成した」ということでもあります。ビットコイン・ネットワークの中では、複数の情報のうち、もっとも

図表3-5　偽造ブロックの作成がむずかしい理由

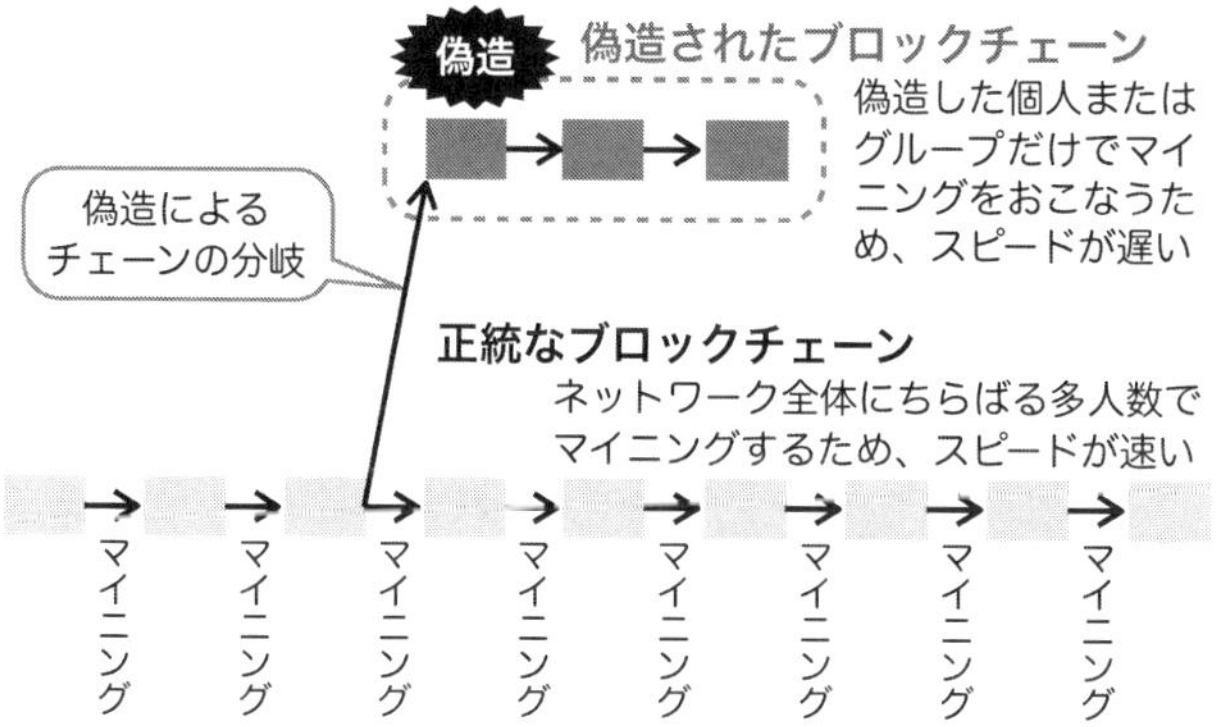

ビットコインの信頼性はブロックチェーンの長さで決まるため、偽造したブロックが認証されるためには、ネットワーク全体を上回る計算能力が要求される

長いブロックチェーンに記載された情報を信頼します。長いチェーンがつながっていれば、それだけ正しい演算が続けられた、という証でもあるからです。

途中で情報を詐称した場合には、詐称した後の情報をすべて偽らねば信頼性を保つことは非常に困難です。最長のブロックチェーンを信じるとすれば、詐称されたブロックチェーンを信じてしまう可能性は劇的に下がります（図表3－5）。

マイニングでは、コンピュータがビットコインを「採掘する」と書きました。採掘とは結局、未承認のブロックを最初に承認する鍵を見つける作業のことです。採掘に参加するということは、ビットコイン・ネットワークの維持に参加している、ということでもあります。承認の鍵を見つける作業は、ある意味でクイズを解くようなものです。「採掘」という言葉からは、どこかに解くべきクイズが山のように存在していて、そこに人々が集まって解いている……というイメージを受けますが、実際にはそうではなく、「マイニングに参加する個々の人々にクイズが配られている」感覚に近い、といえます。

マイニングの成功が確率で決まるということは、試行回数が多いほど有利であり、長い時間試行し続けるほど有利である、ということでもあります。すなわち、演算処理の速いコンピュータを、長い時間、ビットコイン・ネットワークに接続して作業をし続けるほうが有利なのです。これも、ネットワークの維持にはプラスに働きます。

マイニングで「報酬」を設定

さて、ビットコインの「埋蔵量」は最大約2100万BTCである、と説明しました。この上限はなぜ設けられているのでしょう？　計算で生み出されるのであれば、いくらでも生成は可能なはずです。理由は「そう決まっているから」としかいえません。インフレーションを避けるために、中本論文によってシステム設計がなされた段階で、ビットコインの上限は「ブロックチェーン数が692万9999番目に到達するまで」と定められて、これはいまのところ変更できません。そして、このブロックチェーン数の上限が、ビットコインの上限を決めているのです。

マイニングの難易度は、システム上慎重に決定されるしくみになっています。あまり短い時間で決定されても、ブロックの中に記録できる取引の数が少なくなりすぎ、ネットワークが煩雑になります。そのため、ブロックひとつ当たりの時間は「平均10分」と定められています。そうなるよう、直前の2016ブロックを生成するのにかかった時間を元に難易度が決定されるのです。すなわち、ビットコインの運用がスタートした2009年当時と2014年現在とでは、マイニングに必要な処理能力が異なるということになります。

2014年3月現在、すでにマイニングに必要な計算量は膨大なものに達しており、最高級のパソコンをもってしても速度不足です。専用のハードウエアを構成し、それを大量かつ同時に動かす、組織的な「プロ集団」でなければ、マイニングから利益を得るのは困難になっています。それでもなお、マイニング量が増えすぎて破綻しないような工夫が施されているわけです。

そして、時間が経過するにつれ、ひとつのブロックを承認するたびに報酬として得られるビットコインの量は減少するしくみになっています。当初は1ブロックごとに50ＢＴＣが与えられましたが、報酬は21万ブロックごとに半額になります。すなわち、50ＢＴＣ→25ＢＴＣ→12・5ＢＴＣ……と減っていくのです。2014年3月現在の報酬は25ＢＴＣです。

したがって、時間が経過し、マイニングされたビットコインの量が増えるほど、マイニングか

図表3-6　ビットコインの総量の推移

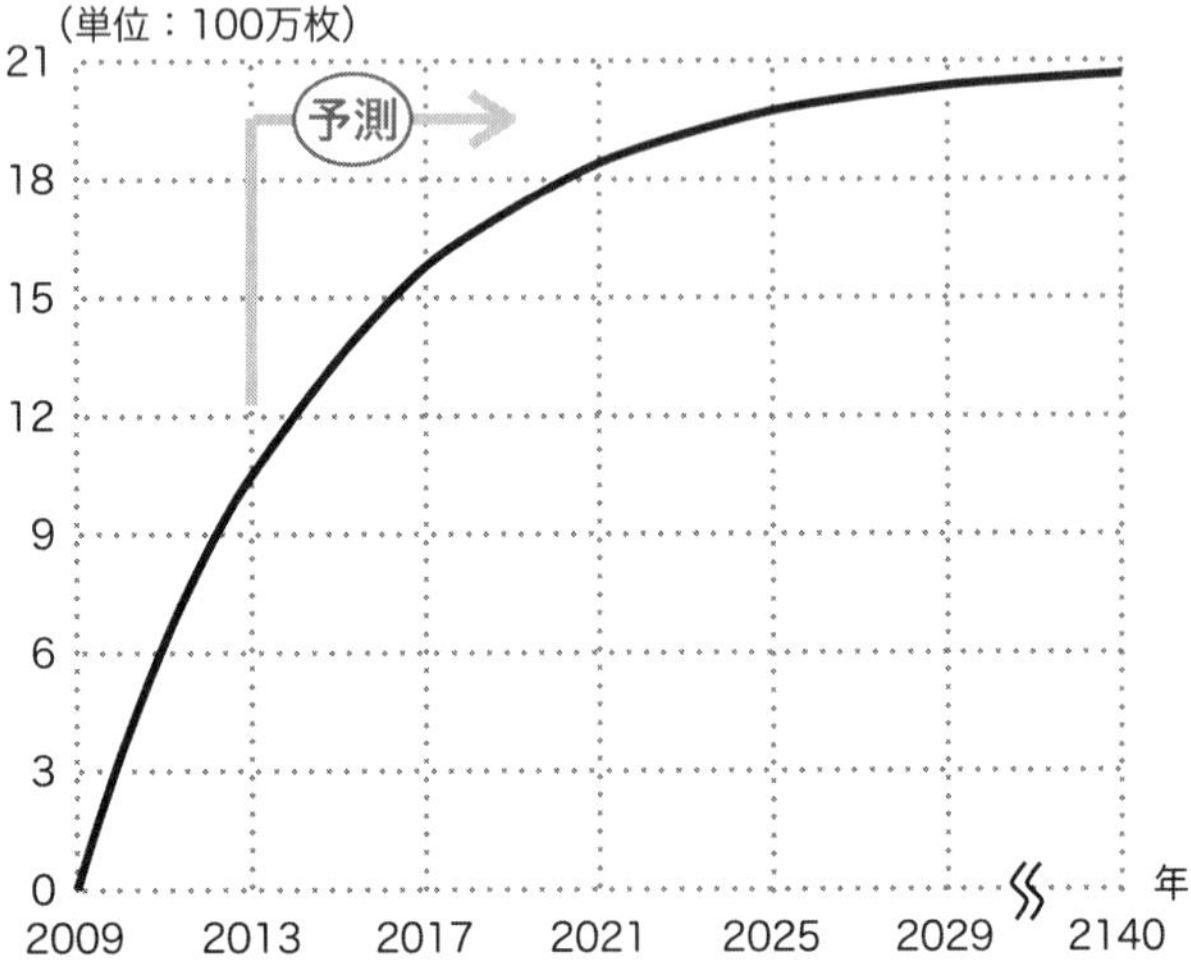

ら得られるビットコインの数は減っていきます（図表3－6）。そこから利益を得るには、できるかぎり早く、できるかぎり長くネットワークに参加することが望ましい……という構造が、意図的につくり上げられているのです。この点は「データを、埋蔵量に限りのある貴金属のように扱う」ことで、増えすぎて価値が減る、すなわちインフレ状態になることを防ぐための工夫といっていいでしょう。

1ブロックのマイニングにかかる時間は一定（10分）なので、すべてのブロックをマイニングし終えるまでの時間も計算可能です。約693万ブロック×10分ですから、総計で約132年。すなわち、2142年頃まではマイニングが続けられることになります。

それ以降は、ビットコイン・ネットワークから「マイニングにともなう報酬」は生み出されません。それ以前に、残りブロックがごく少なくなった時期には、1ブロック当たりの報酬額がずっと少なくなります。計算上、最後のブロックの報酬は0・00000001（1億分の1）BTCにすぎません。ちなみに、ビットコイン利用者の間では、この「1億分の1BTC」のことを、論文執筆者に敬意を払う意味で「1satoshi」と呼んでいます。これは、現状のシステムが規定しているBTCの最小分割数であり、そうであるがゆえに、マイニングがおこなわれる最大のブロック数が規定されています。

マイニングが終わったとしても、取引が続く以上は、ブロックの承認のための作業は必要になります。しかし、マイニングだけを報酬としてネットワークを維持するのは難しいでしょう。

その時期になると大きくなると予測されるのが「取引ごとの手数料」です。ビットコインの採掘が終わるほどの時期になれば、ビットコイン全体での取引量も相当に増大していることが考えられます。各取引で必要になる手数料はほんのわずかだとしても、その数量が増えれば額はバカにできないものになるでしょう。

とはいうものの、ビットコインのマイニングが本当に最後までおこなわれるかどうかについては、議論が分かれています。筆者たちも、上限である2100万枚に到達する前に、他の暗号通貨に置き換えられる可能性が高いのではないかと考えています。

ところで、ビットコインの決済手数料が他の決済手段とちがうのは、「決済金額」ではなく、データ量で決定されることです。ネットワーク維持のコストという観点で考えると、データ量が多いほど決済にかかるコストは大きくなります。額の小さな決済をバラバラに多数おこなったり、「おつり」が発生する取引をおこなったりした場合、おつりがなくてまとまった取引をするよりも、ビットコイン・ネットワーク内でやりとりされるデータ量が多くなる結果、決済手数料が高くなる場合があります。

そうした部分にはわかりにくさも存在します。それをカバーするために「取引所」と呼ばれるサービスが介在することになり、それがビットコインにとって、また別の側面を与えることになるのですが、その点については改めて解説することにしましょう。

すべてを支える「暗号」数理

ビットコインは「暗号通貨」だ、と書きました。暗号化することで、取引する当事者だけが中身を読み取れるようになっています。

ビットコインは通貨そのものが暗号で成立しているものですが、現在のネットワーク上での取引は、ほとんどすべて暗号が使われています。別のいい方をすれば、「暗号が解けないこと」がコンピュータを介したすべての取引を支えているのです。

これは、ビットコインに限ったことではありません。パソコンで通販サービスを使うときにも、メールを見るときにも、クレジットカード会社と店舗の間で取引情報がやりとりされるときにも、銀行とＡＴＭの間で口座情報がやりとりされ、現金が引き出されるときにも、「暗号技術」によって、データの守秘と複製防止が図られています。強固な暗号技術がなければ、いまの社会は成り立ちません。ビットコインもその恩恵を受ける存在のひとつです。

これまでの暗号は、ある特定のルールに則って文字や数字を別のものに置換する方法が主流でした。どういう置換がおこなわれているかを知らなければ、元の情報を知ることはできません。たとえば「ＩＢＭ」を「ＨＡＬ」にするような「文字をひとつずつ前にずらす」というルールで暗号化されたものは、そのルールを知っている人になら簡単に元の情報を理解できます。文字の置換方法＝暗号の強さであり、その複雑さ・むずかしさが高度であるほど、安全度が高まります。

しかし現在は、そうした「置換方法のむずかしさ」で秘密を守る暗号は、ほとんど使われなくなりつつあります。どんなにむずかしい暗号をつくったとしても、置換方法の情報が漏れると、暗号が他人に読み取られてしまうからです。

置換方法、というと耳慣れない言葉ですが、暗号においては「復号化の手法」と「秘密鍵」と呼ばれます。暗号を解いてもらうためにはそもそも、秘密鍵を、情報を知ってもらいたい人に渡さなければなりません。その過程で秘密鍵が他人に漏れる可能性は高く、暗号にとって大きな弱点となります。秘密鍵型の暗号は、古くはローマ時代から1970年代まで使われていました。その間、国家間では暗号通信の秘密鍵やその手がかりを求め、水面下での密かな争いが続いていました。古いスパイ映画や戦争映画で描かれている諜報戦はそういう世界です。

そんな状況を一変させたのが、現在使われている「公開鍵暗号」と呼ばれるしくみです。公開鍵暗号が使われる現在では、暗号化の手法やひとつの秘密鍵が漏れても、暗号は解けません。「誰もが、どんな暗号が使われているのかを知っ　て　い　ても、暗号を解読するのがむずかしい」という、まったく様相の異なる世界になっているのです。

暗号化とは、ある数値（記号）を別の数値に変換する作業、ということができます。秘密鍵方式の場合、暗号化に使う作業と、それを読み取る「平文化《ひらぶんか》」に使う作業は同じものです。これが「秘密鍵」にあたります。

公開鍵暗号では、暗号化に使う鍵と平文化に使う鍵を分けるしくみを採用しました。秘密鍵方式ではひとつの鍵しか使いませんが、公開鍵暗号では2つの鍵を使うのです。

暗号化に使う鍵は「公開鍵」と呼ばれます。公開鍵はその名のとおり、世の中に公開してもいい鍵です。しかし、公開鍵で暗号化すると、今度は「秘密鍵」でしか平文化できなくなります。

秘密鍵はその所有者しか知らない鍵で、他人に伝える必要がありません。公開鍵暗号を使うことで、秘密鍵を伝えることなく暗号を受け渡すことができるわけです。

そのようなしくみを、どうやって実現するのでしょうか？　秘密鍵暗号ならなんとなく理解できますが、「鍵が公開されているのに、特定の人しか平文化できない暗号」といわれても、ピンと来ないかもしれません。そこで、世界初の公開鍵暗号であり、最も広く使われているものである「RSA暗号」を例に、そのしくみを簡単に解説してみましょう。RSA以外にも公開鍵暗号は複数存在します。ビットコインの場合にも、実際には、どの暗号手法を使うかは規定されていません。しかし、基本的な考え方はRSAと共通ですので、RSA暗号のしくみを理解していただけば十分です（図表3－7）。

なお、どんな文書もコンピュータ内では数列に変換して扱われています。そのため、以下の説明では、暗号化する平文を数列で表しますが、実際には「これが文字列や金額などに変わる」と思っていただいてかまいません。

RSA暗号では「2つの素数」が大きな役割を果たします。素数とは、1より大きい整数で、1と自分自身以外で割り切れない数のことです。ひとつ目の素数をp、2つ目の素数をqとします。さらに「公開指数」と呼ばれる値（e）を決めます。eも計算によって求められるものなのですが、こちらは一般に「3または65537」が使われるので、そういうものだと考えていた

図表3-7　RSA暗号のしくみ

RSA暗号の求め方		
	説明	実例
1	任意の素数 p および q を定める	p=101, q=997とする
2	eと$(p-1)\times(q-1)$の最大公約数が1となるようなeを算出 ただし、通常eは「3」もしくは「65537」を使う	e=65537
3	$n=p\times q$	$n=101\times997=100697$
4	**公開鍵**は(e,n)	**公開鍵**は(65537,100697)
5	$1=d\times e \bmod (p-1)\times(q-1)$を満たす$d$を求める	$1=d\times65537$ $\bmod (101-1)\times(997-1)$ d=82673
6	**秘密鍵**は(n,d)	**秘密鍵**は(100697,82673)

RSA暗号の使い方		
	説明	実例
1	秘密にしたい情報の平文Mを定める	M=100とする
2	$M^e \bmod n$を求める	$C=100^{65537} \bmod 100697$ $=87364$
3	上記の結果が暗号文(C)となる	暗号文は 87364
4	平文にする際には、$C^d \bmod n$を求める	$M=87364^{82673} \bmod 100697$ $=100$
5	上記の結果、平文Mがわかる	平文は100

だいてかまいません。「$p \times q$」(以下n)とeを組み合わせた値(e、n)が「公開鍵」です。

次に、図表3－7上側の表の5に示す計算から「秘密指数」と呼ばれる数字(d)を算出します。dとnを組み合わせたものが「秘密鍵」(d、n)となります。

実際に暗号化する際には、さらにここから演算をおこないます。暗号化には公開鍵(e、n)を使い、平文化には秘密鍵(d、n)を使いますので、相手には公開鍵だけを伝えることになります。

例でおわかりのように、pとqの値が決まれば、最終的に鍵となる数字はすべて計算で求められます。eはそもそもおおむね決まった数字なので、秘密性はありません。数学やプログラミングになじみのない方には見慣れない「mod」という記号もありますが、これは「2つの数字を割り算して出た余り」を指すモジュロ演算と呼ばれるものです。計算そのものは単純な割り算にすぎません。たった数行で書けて、しかも使われているのが中学校までで使う単純な計算——「暗号」という言葉から受ける印象からはほど遠いかもしれません。しかし、実際にはこれで、「事実上解読することが不可能な暗号」ができてしまうのです。

「素因数分解」のむずかしさが暗号を支える

ここで登場するのが「素因数分解」です。

素因数分解とは、ある正の整数を素数の積のかたちで表すことです。たとえば、１８０は2と3と5の組み合わせ、２９５７５は5と7と13の組み合わせで表せます（図表３－８）。しかし、その組み合わせを見出すには、どうしたらいいのでしょうか？　実際にやってみていただければわかりますが、意外と面倒なものです。素因数分解は中学生のときに習いますが、問題集やテストで困らされた……という人も少なくないのではないでしょうか。

ＲＳＡ暗号では、公開鍵と秘密鍵を算出するために「n」という値が重要になります。nは2つの素数pとqをかけたものです。pとqがどういう数字なのかを知っていれば求めるのは簡単ですが、nしか知らない場合、元のpとqがなにかを推定するのは困難です。平文化に使う秘密鍵の生成には、「$p-1$」「$q-1$」という値が必要なので、正確なpとqがわからないと解読はできません。

pとqを求めるには、基本的に「順にかけてnになるかを確かめる」作業をくり返すことになります。nの値（桁数）が小さいうちは、対象となる素数の数も限られていますから、さほどむずかしくはありません。3桁くらいまでなら手作業でも不可能ではないはずです。

しかし、nの桁が10桁になったらどうでしょう？　10までにふくまれる素数は４つにすぎませんが、１００までにふくまれる素数の数だけで25個あります。これが１０００までになると１６８個、１万までになれば１２２９個に増えます。10桁＝10億になると５０８４万７５３４個にも

図表3-8　素因数分解

$$180=2^2\times3^2\times5$$

$$29575=5^2\times7\times13^2$$

2以上の正の整数は、素数の掛け算で表される

なります。当然、どれをかけるとnになるかを求めるために必要な試行回数は、素数の数だけ膨大な量になっていきます。

ここで重要なのは、あらかじめpとqを知っている場合には、nを求めるのにかかる時間は、nの桁数が膨大になるように考えた場合でも、さして大きくはならない、ということです。仮に掛け算に1秒かかり、1回の試行に1秒かかるとしましょう。10回の試行で解けるnの場合、掛け算にかかる時間とp、qの発見にかかる時間の差は10倍にすぎません。

しかし、ここで10億回の試行が必要になったらどうでしょう？　掛け算の桁が増えても、nを求めるのにかかる時間は、1桁の場合のたかだか数十倍程度ですが、試行に必要な時間は1億倍に増えます。どんなに桁数が大きくても、nからpとqを求めることは可能ですが、nの桁数を増やしていくと、その困難さは急激に増していくのです。

コンピュータの演算能力は日々進歩します。パソコンやスマートフォンの場合、現状では「およそ18ヵ月で倍になる」といわれています。10年では、およそ100倍になる計算です。2014年現在、日本国内でもっとも優れた演算能力をもつといわれる理化学研究所のスーパーコンピュータ

「京《けい》」は、10ペタフロップス（一般的なパソコンの数万倍）の演算能力を誇ります。これだけの能力があれば相当な桁数を処理できそうに思えますが、実際にはなかなかむずかしいところです。

２０１０年1月、ＮＴＴは、スイス連邦工科大学ローザンヌ校、ドイツのボン大学、フランス国立情報学自動制御研究所、オランダ国立情報工学・数学研究所との共同研究により、７６８ビット分（10進数で２３２桁）の素因数分解を達成した、と発表しました。２０１４年4月現在、これが世界最高記録です。しかしこの記録は、研究に参加した機関のもつ大量のコンピュータで並列演算した結果であり、ＮＴＴの発表によれば、２０１０年当時の高性能パソコン１台に換算すると、全工程で累計１７００年近くかかる量だったといいます。実際の演算も、２００５年夏から２００９年秋までの4年以上を必要としました。

しかも、これでできたのは、たった1例のpとqを見つけ出す作業にすぎません。通信する人や企業により、使われている暗号の鍵、すなわち「n」の種類は異なります。現実的に暗号が役に立たない状態になるには、たくさんの「n」がすぐに解ける状況にならなくてはいけません。現在は１０２４ビットもしくは２０４８ビットの桁数の暗号が使われています。２０１４年3月時点では、これだけの桁数の素因数分解に成功した例はありません。将来的に実現されるのはまちがいないでしょうが、そのためには、ひとつの鍵に「京」クラスのスーパーコンピュータを張りつけて処理させる必要があります。それは経済的にもきわめて困難なことです。

公開鍵暗号を解くことは不可能ではありません。しかし、ひとつの鍵を解くのには膨大な演算力が必要なので、「その暗号の内容が意味をもつ間に、リーズナブルなコストで解くことがむずかしい」わけです。

桁数を増やすと素因数分解が飛躍的に困難になる……という原則が崩れないかぎり、RSAを初めとした公開鍵暗号の優位はゆらぎそうにありません。現在のところ、それを打ち破る数学理論は見つかっていませんし、コンピュータの性能向上も、この原則を突き崩すほど急速なものではありません。現在のコンピュータとはまったく異なる方法で計算する「量子コンピュータ」などが実用化されれば話は変わってくるのですが、その見通しはまだ立っていません。

こうした原則があり、pとqをふくむ秘密鍵が他人に漏れないようきちんと管理されている、という前提に立つかぎり、たとえ暗号化されたデータをコピーできたとしても、その中身を見たり利用したりすることは困難なのです。この事実が、暗号通貨としてのビットコインの強固さを支えています。

ただし、暗号技術が強固だからといって、100％安全だというわけではありません。その理由はのちほど述べますが、少なくとも「暗号を簡単に解いて悪用する」のはむずかしい状況にあります。

データ流通の安全性を高める「ハッシュ」

ビットコインを理解するうえで、暗号が関わるもうひとつの重要な要素が「ハッシュ」です。

ビットコイン・ネットワークは、取引情報をひたすら追記していくかたちで構成されています。この取引情報をまとめるための時間が、おおむね10分でした。取引情報をまとめる、といってもなかなか大変なことです。暗号化によって、一つひとつのビットコインの情報は大きなデータになっていますし、取引量もかなりの数に上ります。すべての取引情報をそのままとめると、データ量が大きくなりすぎて、短い時間で受け渡すのが困難になるからです。

そこで使われているのが「ハッシュ」です。日常で目にすることは少ないハッシュですが、コンピュータネットワークを支える基本的なしくみでもあります。

ハッシュ、という言葉に聞き覚えがある……という人は、おそらく、Ｔｗｉｔｔｅｒなどのソーシャルネットワークを使っている方でしょう。Ｔｗｉｔｔｅｒでは「ハッシュタグ」というものが使われています。ハッシュタグとは「ある話題に関するつぶやきの印」です。たとえば、ＮＨＫで放送されている番組に関するハッシュタグは「＃ｎｈｋ」ですし、サッカー日本代表のハッシュタグは「＃ｄａｉｈｙｏ」です。つぶやきの中にこの言葉がふくまれていれば「ハッシュタグが示す話題」だとわかります。ハッシュタグを軸に検索すれば、関連する話題だけを読むことができます。

ハッシュタグの「ハッシュ」も、ここで話題にするハッシュと同じ意味をもらます。ハッシュとは、「あるものを示すために使う短い符丁《ふちょう》」のことです。ハッシュタグは「話題の符丁」ですし、コンピュータ技術として使われる場合には、「内容が正しいことを示す符丁」になります。

ハッシュという符丁を使う理由は、データ量を大幅に削減できるからです。ハッシュをつくるときには、ある種の計算をおこないます。そういう意味ではこれもまた暗号化の一種なのですが、一般的な暗号とは異なり、「元のデータに復元できない」かたちで短くします。

たとえば、「アルファベットを順に0から25までの数字に置き換えて、すべてを足す」というルールがあったとしましょう。10文字の英文字の単語は、必ず「0」（aが10文字）から「250」（zが10文字）までの数字になります。元の情報は「アルファベット10文字」ですが、計算後には10進数で3桁、コンピュータで広く使われる16進数では2桁にまで圧縮されます。このような変換処理が「ハッシュ化」であり、最後に残った数字が「ハッシュ」です。

ハッシュ化のメリットは、データが小さくなることに加え、データ同士を照合する際に、元のデータがなくても可能である、ということにあります。ハッシュ化するためにどんな手法を使ったかを知っていれば、計算はきわめて簡単です。しかし、計算されたハッシュから元のデータを推測するのは容易ではありません。アルファベットの例も、ハッシュが0や250ならばともかく、それ以外の数字の場合に、元の単語がなんだったかを正確に推定することは困難です。

別のいい方をすれば、ハッシュ化とは「不可逆な要約」です。たとえば、「ａｂｃｄｅｆｇｈｉｊ」の10文字を、先ほどのルールでハッシュ化すると「45」という数字になりますが、45という数字だけでは、「ａｂｃｄｅｆｇｈｉｊ」なのか「ｊｉｈｇｆｅｄｃｂａ」なのかを判別することはできません。

こうした性質は、ネットワーク上で主に「パスワードの蓄積と確認」のために使われています。ネットサービスではパスワードをひんぱんに使いますが、最近は、サービスを提供する側も、ユーザーのパスワードをそのまま保存しておくことはまれになりました。パスワードをそのまま蓄積しておいた場合、万が一外部に漏れると、大量のユーザーが被害を被ることになるからです。内部で情報を覗き、特定のユーザーのパスワードが盗用される可能性もあります。

そこで登場するのがハッシュです。サーバーにはパスワードそのものでなく、ハッシュだけを記録しておくのです。パスワードを照合する際には、入力されたパスワードからハッシュを計算し、蓄積されているハッシュと照合して「正しい」かどうかを確認します。

先ほどの例で説明しましょう。「ａｂｃｄｅｆｇｈｉｊ」がパスワードの場合、ハッシュは「45」でした。記録されているハッシュが「45」の場合、両者は「同じである」と考えられます。

入力を誤って「abcdefghii」にした場合、ハッシュは「44」になるので、別物だとわかるわけです。またこの場合、ハッシュが万一外に漏れても、ハッシュ化の正確な手法がわからないかぎり、ハッシュから正しいパスワードを復元するのは困難です。

もちろんその手法は、前出のアルファベットの例のような単純なものではなく、きわめて複雑なものが採用されています。簡単な変換方法だと、「ちがう単語なのにハッシュは同じになる」現象が起きやすく、それを防ぐためです。ハッシュ化の手法とパスワードのハッシュを別々にして厳密に管理すれば、安全性は非常に高いものになります。

ビットコインにおける「暗号化」と「ハッシュ」

さて、ビットコインにおいて、暗号化とハッシュはどのように使われているのでしょうか？

そもそも、ビットコインのデータには、自分がもっているビットコインの額などが公開鍵暗号のかたちで記載されています。ブロックチェーンの中には、それぞれのビットコインの所有者の「公開鍵」と、前のブロックの取引者の「電子署名」がふくまれます。電子署名は、元となるデータ（ここでは取引情報）のハッシュを、署名者の秘密鍵で暗号化したものです。取引をするたびに、前のブロックの中にある「前のブロックに書き込まれた公開鍵」を自分の秘密鍵で暗号化し、それが「電子署名」として蓄積されていきます。

前のブロックの情報を使って署名するため、ブロックのつながりを詐称するには、詐称したブロックから先の内容がすべて詐称されていないと正当とは見なされません。133ページで述べたように、ビットコイン・ネットワークは「最長のブロックチェーンの情報が正しいものである」として認識するのですが、ブロックチェーンが生み出される速度より早く詐称し続けるのは現実的でなく、このことが信頼性の担保につながっています。

また、実際にデータをすべて照合するのは困難であるため、照合するのは各データのハッシュ同士です。ハッシュの照合は、小さな容量で高速におこなえるので、運用効率が上がります。

重要なのは、こうしたしくみはどれも決して最新技術ではなく、ネットワーク上での取引では従来からふつうに使われている、ごくごくありふれた技術である、ということです。そのありふれた技術を組み合わせ、「マイニング」という射幸心を煽《あお》るしくみをも採り入れることで、ビットコイン・ネットワークは、他の決済システムに対してユニークな存在になった、といえるでしょう。

取引の起点となる「取引所」

ビットコインの元となった中本論文には、ビットコインをドルや円などの通貨に換金することに関する記述はありません。また、ここまで何度も説明してきたように、ビットコインは誰かが中心になって運用しているサービスでもありません。

しかし、流通を促す人々は存在します。それが「取引所」「換金所」です。複数の呼び方がありますが、その役割はどちらも同じと考えていただいて結構です。英語では「DCE（Digital currency exchanger）」などと呼ばれます。

ビットコインは、日常的な取引に使ううえで2つの欠点をもっています。ひとつは、現金との交換を担当するしくみが規定されていないこと。もうひとつは、決済を受け取る側で取引情報が確認されるまで10分の時間がかかることです。一般的なオンライン決済では遅くとも数秒から数十秒で終わりますので、現在のどの決済手段と比べても「きわめて遅い」といえます。特に個人の買い物などの用途では、不便な要素です。すでに述べたように、どちらもビットコインの特徴を決めるうえで重要な部分であり、そう設計されたもの……というべきですが、不便であることに変わりはありません。

そうした部分をカバーするのが「取引所」の役割です。

ビットコインは、取引に時間がかかります。また、本来はパソコンでビットコイン・クライアントを動かし続けて、ブロックチェーン情報の交換とマイニングの両方をおこないながら使うべきものです。しかし、すべての人がマイニングに興味があるわけではありません。単にビットコインで取引をおこないたい人のほとんどは、ビットコインのしくみそのものに対しては、特段の興味も思い入れもないでしょう。

では、誰かがそうした部分を代行してくれるとしたらどうでしょう？　ビットコイン・ネットワークの維持をおこないつつ、自分と他人との間に立って、ビットコインの取引をスムーズにしてくれるなら、それは確かに便利です。じつは、そのような存在が「取引所」です。

取引所は、銀行のようなもの、と考えるとわかりやすいでしょう。利用者はまず、取引所に「口座」を開設し、そこに自分のビットコインを蓄積しておきます。他人にビットコインを渡すときには、取引所を介して渡すことになります。こうすれば、ビットコインをやりとりするのは取引所の口座同士、もしくは別の取引所同士になります。取引所の口座IDとパスワードさえわかれば、どのパソコンからでも、どのスマートフォンからでも、自分の口座のビットコインの残高がわかりますし、取引もできます。取引にかかる速度――ビットコイン・ネットワークの「10分かかる」という制約からも無縁になります。

取引所は、それぞれの取引や換金について、BTCで「手数料」をとり、それを収益源とします。この点も銀行と同じです。ただし、その手数料はきわめて小さなもので、送金の場合で取引金額の0・1％から0・6％程度となっています。

取引所の運営に資格などは必要ありません。個人でも運営は可能ですが、換金用の現金の準備や、膨大な量のビットコインデータと個人情報を蓄積するシステムが必須なので、個人レベルで運営するのは現実的ではありません。「取引所」というビジネスを運営する企業が存在する……と考えてください。

「現実の貨幣」との接点

ビットコインの「通貨」としてのあり方を考えるときには、Ｓｕｉｃａのようなプリペイドカードより、もっと適切な比較対象があります。それが、ゲームの中で使われる貨幣（ゲーム内貨幣）です。特に「ＭＭＯ ＲＰＧ」と呼ばれるタイプのゲームのゲーム内貨幣との比較は、非常に重要な示唆を与えてくれます。

ＭＭＯ ＲＰＧとはネットワークゲームの一種です。ネットワーク内に仮想の世界をつくり、同時に数千〜数万人が同じ世界に入って遊ぶロールプレイング・ゲーム（ＲＰＧ）だと考えてください。「ドラゴンクエスト」や「ファイナルファンタジー」のような家庭用ゲーム機用のＲＰＧは、基本的に「つくり込まれた世界の中でひとりで遊ぶ」ものでしたが、ＭＭＯ ＲＰＧの場合には、それを数千人で同時におこなう、と思えばいいでしょうか。

人が集まる場所には、自動的に社会が生まれます。ゲーム内のアイテムを受け渡す場合、対価として貨幣が仲立ちになります。この点はひとりで遊ぶＲＰＧも同じですが、ＭＭＯ ＲＰＧの場合には、ゲーム内店舗とプレイヤーの間だけでなく、プレイヤー同士の間でも、ゲーム内貨幣のやりとりが発生します。たとえば、あるプレイヤーが非常に価値の高いアイテムをゲーム内でつくった場合、他のプレイヤーにそれを相応のゲーム内貨幣で売ることができるわけです。ゲーム内では、強くなれば強くなるほどたくさんのアイテムやゲーム内貨幣をもつことになります。現実社会と同じく、資産の量は「強さ」「権力」の象徴となり得ます。

一般的に、ゲーム内貨幣は、ゲームをプレイしていれば自動的に蓄積されていきます。モンスターを倒したり、作物を収穫したりすれば、その分の対価が手に入るためです。どれだけの対価を得られるかには、運・不運もつきまといます。しかし一般には、プレイヤーの手元に残るゲーム内資産の量は、そのプレイヤーがゲームをプレイした時間に比例します。その世界で長くすごせばすごすほど、たくさんの資産を手に入れていくわけです。

ここでひとつの問題が発生します。誰もがゲームを長時間プレイできるわけではありません。ゲーム内で強くなりたいけれど、プレイ時間はあまり割けない……という人も当然います。そうした場合、対応策はないのでしょうか？

もちろんあります。長時間プレイした人からゲーム内貨幣を「現実の貨幣（通貨）」で買うのです。こうしたしくみは「RMT（リアルマネー・トレード）」と呼ばれます。売る側は、ゲーム内貨幣が余った人から買い取って売る……というパターンもありますが、ほとんどの場合、ゲーム内貨幣を稼ぐためのプレイヤーを用意し、ゲーム内でモンスターを狩ったり作物を収穫したりして、販売するためのゲーム内貨幣を別途集めます。

そうした「RMTのためにゲーム内で稼ぐ集団」は、中国などの労働賃金が低い地域で組織的に集められ、長時間交代で途切れることなく「労働」としてゲーム内貨幣を集め続けています。先ほど述べたように、長時間プレイすればするほど資産は集まりますから、一般的なプレイヤーよりも多くの資産を、彼らは手にすることになります。こうした人々を「ゴールド・ファーマー」などと呼びます。また、人手を使わず、別途用意したソフト（BOTなどと呼ばれます）を使い、収集活動を自動化する場合もあります。そうして集めたゲーム内資産に労働対価を超える値段をつけて換金すれば、RMTの運営元は多額の現金を手にできるわけです。

経済学者のエドワード・カストロノヴァ氏が2001年に執筆した論文によれば、当時の代表的なMMO RPGだった「エバークエスト」の世界をひとつの国と考えて、RMTが生み出す「現金との取引」をその国の収入と考えた場合、国民一人当たりのGNPは2266ドルとなり、世界77位の国（当時ではロシアと同等）に匹敵する、との調査結果を出しています。当時から10年以上経過していますが、いまだRMTにはニーズがあり、相応の市場を形成し続けています。

ます。

ビットコインの価値はどこから生まれるのか

ＲＭＴの例は、「ネット内で価値が高まると現金への換金性も高まる」という性質を示しています。

ＲＭＴの場合、換金性はゲーム内貨幣・資産のニーズで決まります。たくさんの人がプレイするゲームであればゲーム内貨幣を求める人も増えるので、価値が高まります。また、プレイヤーが貨幣を得にくい状況になれば、さらに価値は上がります。ですからＲＭＴの運営元は、人気のあるゲームにできるだけ大量のゴールド・ファーマーを送り込み、「お金稼ぎ」が容易な狩り場を占有して他のプレイヤーを追い出しては「収穫の最大化」を狙うのが常道です。

ＲＭＴとビットコインの間には本質的な差があります。

それは「仮想通貨であるデータの持ち主が誰か」ということです。

ゲームの場合、本質的に仮想通貨の持ち主はユーザーではありません。一見貨幣に見えますが、その本質は「サービス内で使うアイテム」です。ユーザーに提供されているのは「ゲーム」というサービスであり、ユーザーはその利用者という立場です。ゲーム内貨幣はサービスと切り離して存在できるものではなく、利用規約上も「サービスの利用権がユーザーに提供されている」にすぎません。

ゲームの場合、一部の例外を除き、RMTは認められていません。そもそも、ネットゲームは「24時間、交代制を敷いてプレイし続ける行為」を前提につくられていません。ゴールド・ファーマーによるゲーム内での経済活動は、ゲームを運営する人々の想定を超える速度でゲーム世界内の貨幣を増やす原因となります。そして、その流通をRMT運営側がコントロールすることになると、ゲーム内の物価は極端なインフレ状況になります。結果、ゲームプレイヤーの資産価値は目減りし、ゲーム内で必要以上に「金策に困る」ことになります。

また、ゲーム内の狩り場などを占有する行為は、正当にプレイしようとする他のプレイヤーにとって、迷惑行為そのものです。正常なサービス運営を妨げるものであるために、ゲームメーカーは厳しく取り締まります。国内大手MMO RPGの運営元であるスクウェア・エニックスは、RMTへの関与を理由に、毎月1000を超えるアカウントを利用停止にしています。逆にいえば、それだけの処理をしても追いつかないほど継続的なニーズがある、ということです。

もうひとつの問題点は、これらの仮想通貨の価値が、結局は「サービスの価値」に依存している、ということです。人気のないゲームの貨幣に価値は生まれません。

「サービスの提供元」がないビットコインの場合には、どう考えればいいのでしょうか？ これは、「価値の裏づけがないビットコインは、経済社会制度のうえで通貨として成立しているのか?」という問いでもあります。この問題に対して、経済面からの解説は第2章でおこなわれていました。ここでは、情報技術の面から補足します。

ビットコインの本質のひとつは「流通」です。流通時の計算によって、暗号が維持・強化され、取引がおこなわれ続けることで、暗号通貨として生存し続ける性質をもっています。そしてこの「たくさんの人の間で流通し続けているかぎり、価値が維持され、流通量が増えれば、決済に使うときの機能が高まる」という性質は、まさに通貨の本質といえる性質です。

ビットコインは、技術的にみると、通貨として機能するために最低限必要なことだけをきわめた通貨、といえるかもしれません。

ビットコインのような暗号通貨の本質が「流通」であるならば、この技術は通貨の流通以外にも使えるかもしれません。ブロックチェーンの「正しいデータを流通させる」しくみを使い、電子書籍や音楽の購入履歴の正しさを担保し、販売元がなくなっても「このデータの持ち主はこの人です」という保証をおこなう……といったことも可能でしょう。「安全な流通の担保」とは、それだけ懐が深く、可能性にあふれた世界を生み出すのです。

対談コラム3 〝寿命〟が次世代の進化を生む

吉本　昔の金貨にしても、いまの紙幣にしても、現金通貨を発行するときに最も大切なことは、偽造されないことでした。

西田　それなのに、コピー防止が困難な電子情報を通貨にしようというのが暗号通貨の試みです。

吉本　3匹の子ブタが、すでにレンガの家があるのに、あえてワラの家をまた建てるようなもので、暗号通貨は、通貨に最も適さない素材で通貨をつくろうとしているようにみえます。当然ながら、そんな無理なことをする必要があるのか、いまある通貨で十分だ、との批判がある。

西田　技術進歩に対しては、いろいろな感情をもつ人がいます。通貨の話となればなおさら、評価が分かれるのは当然でしょうね。

吉本　パソコンや携帯電話などでの情報技術の進歩に対して、強い不信感をもっている人もいますからね。最近では、個人や企業がまだ十分に満足して使っているOS（基本ソフト）のＷｉｎｄｏｗｓ ＸＰのサポートをマイクロソフト社が終わらせてしまったことが、ずいぶんと批判されていました。

西田　その批判は的外れです。Ｗｉｎｄｏｗｓ ＸＰのサポートが終了したのは、古い技術基盤を修正しながら使うことに無理が来たためです。まったく新しい技術基盤のほうがそもそも堅牢で、修正も容易です。コスト的にも確実性の面でも、2001年の技術を引き継ぎ続けるのは無理がありました。

吉本　Windows XPの発売は2001年でしたか……。10年以上も経過していたんですね。

西田　OSについては、2001年頃と現在とで、開発に対する根本的な考え方が変わりました。

吉本　ハードウエアも大きく進化しましたから……。

西田　当時はハードウエアの性能が低く、その上で快適に動かすためには「効率よく動くこと」が最優先でしたが、いまは動作速度以上に「ソフトウエアの欠陥があっても、問題が拡大しない構造」や「継続的にソフトウエアの改善がおこないやすいしくみ」が優先されます。

吉本　なるほど。

西田　結果として、ソフトウエアの寿命は長くなりつつあります。逆にいえば、そうした方針転換の前の基盤のメンテナンスをし続けるのは、企業にとって著しい負担になっています。

吉本　せっかくハードウエアが進化しているのに、それをフルに活かせないシステムを引きずるのは、利用者側にとっても問題だと思います。でも、このあたりを理解できずに批判する人が多いですよね。

西田　ソフトウエアやシステムはいつまでも摩耗《まもう》しない、と誤解しているからです。

吉本　摩耗するようすが直接はみえないし、素人にはわかりにくい。

西田　機械はメンテナンスしないと壊れます。自動車ならば、その時期にあわせた環境基準が必要です。同様に、ソフトウエアもメンテナンスが必要だし、その時期にあわせたセキュリティ基準が必要です。自動車を車検に出すように、ソフトウエアとシステムも、定期的に「いまに見合うものか」を精査する必要があります。

吉本　本書のここまでの内容で、現在使われている通貨はどれも不完全なものだ、と強調してきました。だから、暗号通貨という新技術へのニーズがあるというロジックです。完全ではないなにかが進化するのは、当然のように感じますが、このあたりをコンピュータのソフトウエアの話として整理していただけますか。

西田　ソフトウエアは、一見問題なく動いているようにみえて、つねに「どこかに不具合を抱えている」可能性が否定できません。技術論ではなくソフトウエアの本質として、「まったく不具合が発生しないもの」をつくるのは不可能ですから。そのため、仮にどこかに不具合が出ても、問題が顕在化しないようにするか、不具合の影響を即座に利用者・開発者に伝える必要がある。それが〝システム〟すなわち〝しくみ〟の本質のひとつです。

吉本　先ほど西田さんが、〝ソフトウエアの寿命〟という表現を使いましたが、本書では、通貨の寿命という話を強調しています。既存のものに寿命があるのだから、他方で新しいものも生まれるのが自然です。ただ、新しいからといって定着するとは限りません。21世紀に入る前に、インターネットへの期待が高まるなかで、モンデックスなどの電子マネーが一時的に話題になりながらも定着しませんでした。なにが理由だったと思いますか。

西田　当時はまだネット経由での決済量が少なく、クレジットカードを押しのけて導入するメリットが薄かったことが原因でしょう。もうひとつ理由があって、当時は電子マネーが〝資産運用〟の対象になっていませんでした。

吉本　ＩＴの将来に注目した投資家はＩＴ企業の株を買えばよかったので、電子マネー自体が投機対象になることはなく、それが流動性を高めなかったということですね。他方で、ビットコインは注目度が高い投機対象となったことで、ここまで成長してこられた。

西田　決済手段としてのビットコインの発展を考えたとき、資産運用対象とする投機には弊害も多いと感じますが……。

吉本　通貨にとって投機は〝必要悪〟なのかもしれません。投機に対する誤解もあると思われます。また、投機に似た取引として〝裁定《さいてい》〟があり、じつは、ビットコインのような暗号通貨がこれから定着するかどうかを考えるには、これらの投機や裁定がポイントになりますから、このあとの第４章でしっかり説明します。

第4章

ビットコインは通貨の未来をどう変えるか？

——「国家破産に巻き込まれない通貨」の可能性

ニュートンの時代に学べ！

本章では、経済面から「ビットコインのような暗号通貨（仮想通貨）はこれから通貨として発展するか？」を検討します。しくみをきちんと〝理解〟するために読む情報技術面の話と異なり、経済面の話は、たくさんの人たちがビットコインのような暗号通貨を「通貨として認めるかどうか？」で結末そのものが変わってきます。

一人ひとりが、いろいろとある考え方のどれに〝納得〟するかがポイントになります。そこで、読者が自分自身で、ビットコインのような暗号通貨を使うかどうかを選ぶうえで、本章を参考にしてもらえればと思います。

なお、ビットコインが〝世界統一通貨〟になる可能性はきわめて低いと考えられます。ですから、既存の国家通貨やさらに新型の通貨などと共存するなかで、ビットコイン（あるいはその後継型の暗号通貨）がどう発展するかを考える必要があります。そこで本章では、「ビットコインの登場が世界の通貨制度全体にどんなインパクトを与えるか？」を中心に検討します。

いくつかの大きな変化の可能性を示しますが、過去にまったく前例がなかったSF風の話ばかりを展開するつもりはありません。むしろ、アイザック・ニュートンが生きた前後の時代に、イギリスを中心とするヨーロッパで起きたこと、その同時期に、江戸時代だった日本で起きたことを参考にします。17世紀から18世紀にかけてのイギリス・フランス・オランダ・日本で、通貨・金融制度の試行錯誤がいろいろとおこなわれていたからです。

じつは、金本位制や中央銀行制度の成立・普及に、ニュートン自身が深く関わっています。そして、ビットコインのような暗号通貨が発展したときになにが起きるかを考えるには、江戸時代の日本の通貨制度がとても参考になります。通貨あるいは貨幣と呼ばれるものがいったい何なのかは、本当にむずかしく、人々の心理に強くかかわる話になりますから、突き詰めようとすると、抽象的な話になりやすいのです。だからこそ、過去と現在の具体的な事実になぞらえて説明することで、実感を得やすくしたつもりです。

通貨の単位と形態の組み合わせ

25ページの図表1－1を拡張したのが、図表4－1です。日本政府がビットコインをモノ（実物資産）として扱うと決めましたので、実物資産が通貨として機能した例を追加してあります。「金《きん》」はもちろん、江戸時代の「米《こめ》」も通貨の単位のひとつでした。たとえば、大名の武士の給料は、米の収穫高を示す石高《こくだか》で表示されていました。過去には、こうしていろいろなモノが通貨

図表4-1　通貨の単位別かつ形態別の分類

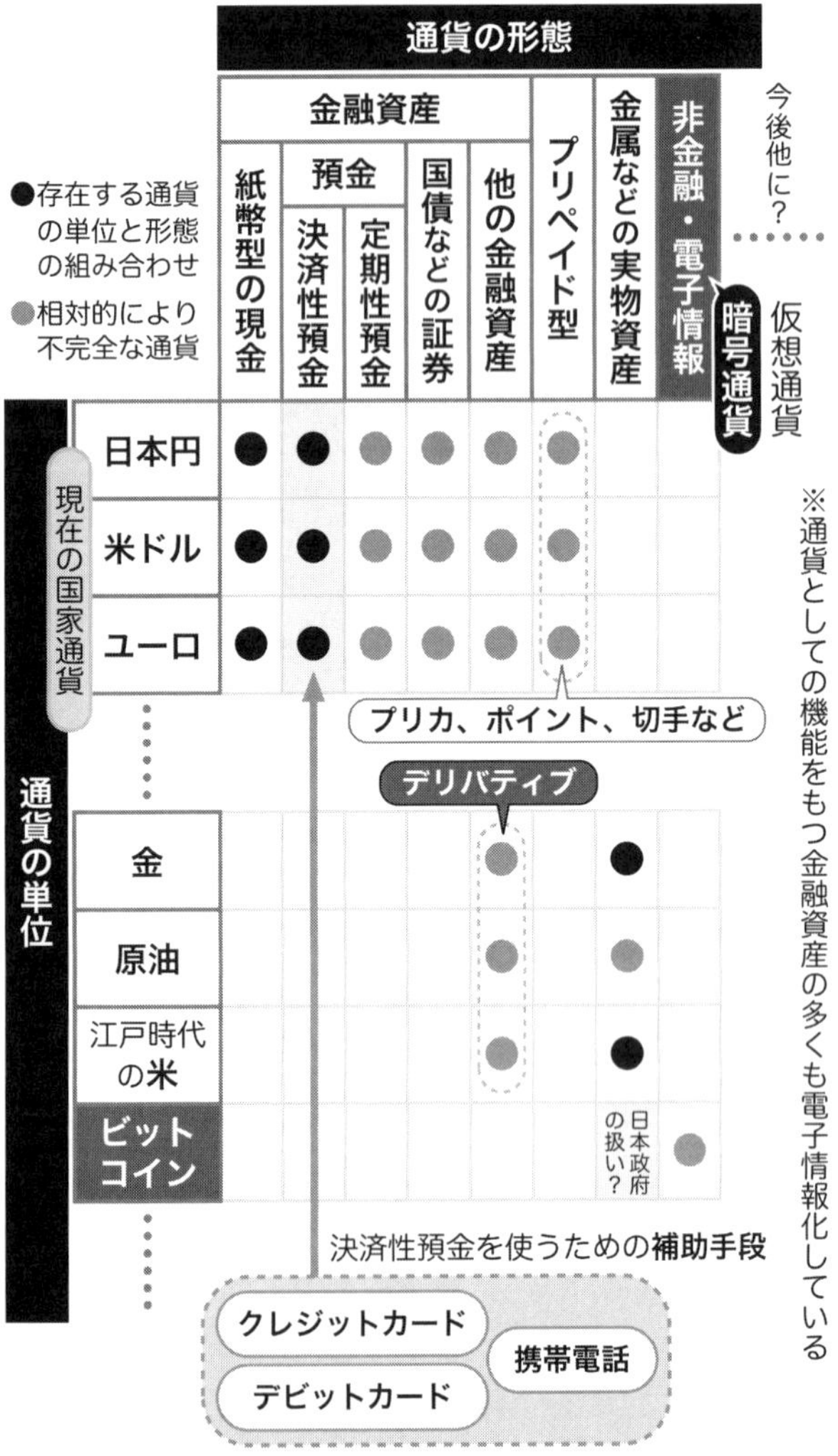
通貨の形態
金融資産
預金
紙幣型の現金
決済性預金
定期性預金
国債などの証券
他の金融資産
プリペイド型
金属などの実物資産
非金融・電子情報
今後他に？
暗号通貨
仮想通貨
●存在する通貨の単位と形態の組み合わせ
●相対的により不完全な通貨
通貨の単位
現在の国家通貨
日本円
米ドル
ユーロ
プリカ、ポイント、切手など
デリバティブ
金
原油
江戸時代の米
ビットコイン
日本政府の扱い？
※通貨としての機能をもつ金融資産の多くも電子情報化している
決済性預金を使うための補助手段
クレジットカード
デビットカード
携帯電話

としての機能を担っていました。現代の原油も通貨としての機能をもつといえます（金や江戸時代の米より不完全な通貨ですが）。

江戸時代の米の場合は、「米切手」という証券が発行されていて、「米を裏づけとした金融資産」も通貨として機能していました。おまけに、大坂（いまの大阪）の堂島で米切手の先物取引が組織的におこなわれていて、世界初の金融先物取引所と評価されています。

なお、先物・オプション・スワップといった取引は「デリバティブ（金融派生商品）」と総称されます。デリバティブもまた、通貨の形態のひとつといえます。ちょっとややこしい扱いが必要ですが、たとえば、含み益のあるデリバティブを売却すれば、その含み益を換金して買い物に使えるからです。ただし、クレジットカードなどとは異質の、通貨の補助手段とみる考え方もありそうです。現代では、金や原油のデリバティブが大々的に取引されています。

図表4－1で、現代社会で流通している通貨のなかから、「日本円、米ドル、欧州共通通貨ユーロ」などの〝通貨の単位〟をひとつ選び、さらに「現金、預金、それ以外の資産」の〝通貨の形態〟をひとつ選んでみます。たとえば「円の現金」を選ぶとか、「ユーロの預金」あるいは「米ドル建ての資産（米国債）」を選ぶとかして、具体的に使い勝手を考えてみてください。

ここで強調したいのは、昔もいまも（おそらく将来も）、不完全な通貨だけがあれこれと存在し、だから使い分けがおこなわれている点です。ひとつずつ、特定の通貨単位と通貨形態の組み合わせに注目してみれば、じつはどの通貨も「欠点があって、使いにくいケースがある」とわかります。

他方で、ビットコインについて、つぎのような指摘をときどきみかけます。

「庶民が日常の買い物で気軽に使えなければ、通貨の資格はない。だから、ビットコインはまだ通貨といえないのではないか」（たとえば『ニューズウィーク日本版』２０１４年２月25日号などでの指摘）

世界中で、ビットコインで買い物や飲食ができる店や通販サイトが少しずつ広がっていて、ＡＴＭも登場しているとはいえ、日常のたいていの買い物ですぐに使えなければ、まだ通貨と認められないという指摘です。じつは、そもそもの前提がまちがっています。

私たちが使っている円の現金や預金も、個々にきちんと考えれば、日常生活の買い物に使えないことが多いはずです。見方によっては、ビットコインよりも円の現金やドルの預金のほうが、日常の買い物に使いにくいとさえいえます。そんなはずはない、と思う読者が多いかもしれないので、具体的に考えてみましょう。

預金も買い物に使いにくいことがある

すでに述べたように、統計上は「預金」こそがメインの通貨であり、流通している国家通貨の残高のうち、9割以上を預金が占めています。どの種類の預金まで通貨にふくめるかで、M1とかM2とか、いくつもの通貨の統計データがありますが、定期預金を通貨にふくめる定義が使われやすいという事実があります。

この定期預金は、原則として、まず銀行の営業時間内に店舗に行って、解約手続きをしないかぎり、買い物に使えません。普通預金と定期預金をセットにした総合口座の場合、定期預金を担保に普通預金残高をマイナスにできますが、これはカネを借りている（したがって金利も支払う）のであって、これを通貨にふくめていいのなら、いろいろなローンの与信残高がすべて通貨になります。そのような考え方はふつうなされません。

こうして、個々の通貨形態を意識して、頭のなかで具体的なイメージを描きながら検討すると、スマホの操作だけで買い物に使えるビットコインよりも、定期預金のほうが、日常生活の買い物に使えないとわかります。ビットコインでは買い物ができない店のほうが圧倒的に多いとしても、定期預金を解約して現金で引き出すよりも、ビットコインをネット上で円に換金して普通預金に振り込む操作をしつつ、クレジットカードやデビットカードで買い物をするほうが簡単です。

クレジットカードを使って支払うことが前提なら、円の定期預金でもビットコインでも同じようなものだと思う人がいるかもしれませんが、クレジットカードの決済日までにおこなうにしても定期預金の解約は面倒ですし、日本でも海外でも、ビットコインで直接飲食ができる店が少しはあるという差があります。

普通預金や当座預金も、通帳をみせて買い物ができるわけではなく、預金残高はあるのに目の前のモノが買えないとか、ATMの列に並んでからでないとランチを食べに行けないということはよくあります。カードや小切手での決済に応じてくれない店に行くとなれば、どうしてもそうなります。また、小さな子供がもらったお年玉を親が預金してしまえば、それが子供名義の普通預金であっても、その子供が買い物に使うことはむずかしいでしょう。

どの種類の預金も、通貨としては使いにくいことが多いのです。具体的な買い物をイメージして考えないから、「日常生活で気軽に使えないなら通貨ではない」などと完全にまちがったことをいってしまうのです。しかも預金は、預けている銀行が経営破綻すれば、しばらく引き出せなくなります。ひとりにつき合計１０００万円までしか保護されず、一人ひとりの預金合計額をチェックする作業が終わるまでは、引き出しが制限されます。預金はどれも、不完全な通貨です。

預金の不便さが意識されにくいのは、キャッシュカードと24時間対応のATMが普及し、クレジットカード対応の店が増えたからです。また、預金口座からの振込による決済もやりやすくなりました（これも昔は、現金を引き出してから振り込んでいました）。しかし、クレジットカード決済で店側が負担する手数料は高く、夜中にキャッシュカードを使ってATMから現金を引き出すときにも、振込にも、手数料がかかるのが一般的です。

少額の買い物であれば、預金を買い物に使うときの取引コスト（手数料と労力と時間）はかなり割高になります。土曜の深夜に500円の食事をするために、急な坂道を10分歩いてコンビニのATMに行き、数人のあとに並んで、手数料も支払ったうえで、1000円札を1枚引き出す、といったことが起きます。こうして、少額決済の取引コストが高くなりやすいという点で、預金には明確な欠点があります。

現金は高額取引に使いにくい

逆に、現金は高額な買い物に使いにくいといえます。大企業が日常業務で50億円を支払うとして、これを現金でおこなうことはありません。1億円でも、あまりやりません（政治家などに怪しいカネを渡すときは例外ですが）。企業がたまにおこなう高額な買い物として、企業買収がありますが、巨額の買収案件を現金でおこなうなんてバカげています。

他方で、「株式交換」での買収はよくあります。自社の株を現金・預金の代わりに使って、買収したい企業の株を買うというやり方です（自社の株でなく、他社の株などを使ってもかまいません)。個人が保有している株も、株式市場で売ればすぐに買い物の決済に使えます。ふつうは、定期預金を解約するよりも、ネットで株を売るほうが簡単です(ただし、手数料がかかります)。

こうしてみると、株は明らかに通貨です。日本人は金融資産を預金(貯金)でもつ比率が高いのですが、アメリカなどでは、かなりの比率を株で保有し、大きな金額の買い物があれば、株を売って支払うこともよくあります。企業も個人も、株を通貨として使用しています。

国債は、はっきりと広義の通貨統計にふくまれます。売れば決済に使えますし、そもそも、日本銀行が発行する現金の大部分は、日本国債を価値の裏づけとしています。1万円札が通貨なら、その価値の裏づけになっていて換金性も高い日本国債は、通貨でなければおかしいわけです。

また昔から、土地で資産運用をして、高額の買い物をするときには土地を売るとか、土地を担保に資金を借りるとかして、土地を通貨のように使っていた個人富裕層や企業は、日本にたくさん存在しました。土地そのものは、売るときの取引コストがかなり高いので、通貨にふくめにくいのですが、不動産投資信託(REIT)は換金性も高く、いまの日本銀行は、1万円札を発行するときの裏づけ資産として不動産投資信託も買っていますので、通貨にふくめるべき資産であるといえます。

現金に話を戻すと、個人も、ふと気に入った15万円の家電製品とかを、その場で現金払いで買える人は少数派でしょう。企業でも個人でも、日常のあらゆる買い物に対応できるだけの現金をいつも保有していると、犯罪や災害で失うリスクが高くなりますから、賢明な人たちは多額の現金保有を避けようとします。現金もまた、不完全な通貨であり、だからこそ他の形態の通貨が併用されます。

「欠点だらけの通貨」がビットコインを生んだ

ビットコインの登場に対して、「これまで、新しい通貨はほとんど普及しなかったから、ビットコインも普及しないのでは？」との感想をもった人も少なくないようです。これも、前半の認識がまちがっています。現金プラス預金の単純な組み合わせだけでは、まだまだ不便だったからこそ、各種のカードが開発されて普及してきました。プリペイドカードにチャージされた残高は、現金・預金とは異なる新しい通貨の形態で、交通系のプリペイドカードで買い物ができる店が増えたから、実際に通貨になったといえます。

そもそも、借金だらけの国家が発行した国債を裏づけにした紙幣（紙切れ）が、こんな立派な通貨になるなんて、大昔の人は予想もしなかったはずです。「国債・中央銀行・金・株・保険」をうまく組み合わせて、いまの通貨制度へと移行する転換期となったのは、ニュートンの時代であり、ニュートン自身も立役者《たてやくしゃ》のひとりでした。

背景には金融技術の大幅な進歩がありましたが、それをもたらしたのは怪しげな人たちで、実際に、あちこちで巨額損失事件を引き起こしながら、金融技術と通貨制度を変革したのでした。そして20世紀の終盤から21世紀にかけて、情報技術の進歩が主導するかたちで金融技術の進歩が起きています。細かくみると、通貨もずいぶんと進歩していて、日本の高度経済成長期に戻ってみれば、当時の通貨制度がいまと比べてどれだけ不便かがわかるでしょう。しかし、いまでもまだ不便だから、ビットコインが求められたのです。

通貨における技術革新は、じわじわと積み重ねられてきました。私たちが通貨とはなにかを気にせずに、通貨の便利さを空気や水のようなものとして受け入れているから、技術革新に気づきにくいだけです。

そもそもいまの通貨にはまだまだ欠点が目立ち、より便利な通貨を求めるニーズは強いのです。ビットコインのような暗号通貨が成功するかどうかはわかりませんが、通貨について、これまで想像されなかったようなイノベーションが起きる余地は、十分に大きいのです。

グローバル経済にふさわしい通貨はまだ存在しない

円、ドル、ユーロといった通貨単位のちがいも、世界全体でみれば、現金や預金が買い物に使える範囲をかなり狭くしています。どの通貨単位も、かなり限定された相手にしか通用しません。世界でいちばん通用するといわれる米ドルでさえ、米ドルでの決済を嫌がる人口のほうが圧倒的に多いはずです。金は世界で通用する価値をもちますが、いまや通貨としてはあまり使われません。

グローバル経済の時代にふさわしい通貨単位など、じつは、まだどこにも存在していないのです。それでも、高度経済成長期の日本での状況と比べれば、通貨は格段に使いやすくなったといえます。なぜでしょうか。

高度経済成長期の日本は、海外との貿易で輸入金額が輸出金額を上回りやすく、貿易収支あるいは経常収支が赤字になりやすい経済構造でした。そのため、外貨がなかなか獲得できず、貴重な外貨を庶民が手に入れるのはむずかしかったのです。たとえば、海外に留学したいと思っても、十分な生活費を米ドルに交換してもっていくなんてことは、基本的に許されませんでした。

いまでは、日本で働いてカネを稼ぐ生活をしながら海外にひんぱんに行って使うとか、海外の企業などから直接モノを買うとかが、十分にできるようになりましたが、これだけでも、通貨の利便性は格段に上がったといえます。くどいようですが、通貨制度はどんどん変化しています。

それでも、第2章で強調したように、国家通貨を使っての少額の国際決済は、取引コストが高すぎて、まともな通貨が存在していないといえます。

まだ限定された範囲ではありますが、ビットコインは国際決済通貨として通用しています。円などの国家通貨との交換が、とても低いコストで可能で、かつ、通常はすぐに交換できますから、国際決済通貨といえます。取引所などのトラブルで、円や米ドルとビットコインの交換に時間がかかるケースもありますが、預金にも、銀行の営業時間の制約やシステムトラブル、メンテナンス時のＡＴＭ停止、経営破綻のリスクがあります。

通貨はまだまだ進化する

ビットコインのような暗号通貨が「少額決済通貨」として成長する可能性は高いでしょう。ただし、なにかのきっかけで信用が決定的に失われれば、通貨として〝突然死〟する可能性もあります。これはどの通貨にもあるリスクです。ビットコインを模倣して誕生した暗号通貨、あるいは、これから誕生する暗号通貨やまったく別形態の新型通貨が、ビットコインに追いつき追い越すかもしれません。

通貨の進化に対するニーズが強く存在し、それに応えるイノベーションのひとつとしてビットコインが登場して成長しつつある以上、これから通貨制度は大きく変化していくでしょう。過去からの通貨制度の変遷をふり返ると、その変化は〝非可逆的〟だといえます。たとえば、「金本位制復帰論」がときどき登場しますが、昔のままの金本位制に完全に戻れといっても無理なことは、誰もが理解しています。現金は、偽造防止技術をどんどん進化させてきましたから、偽造防止技術が劣る昔の1万円札(たとえば聖徳太子の1万円札)を、もう一度流通させることはないでしょう。

クレジットカードに関するトラブルがどれほど多くても、単にクレジットカードを捨てるという選択は考えられません(代替手段がクレジットカードを打ち負かすとなれば話は別です)。仮に、クレジットカードという補助手段を廃止したとしても、預金の裏側にあるコンピュータシステムまで昔に戻ることはないでしょう。預金による決済を支えるコンピュータ技術がまったく異なるからです。昔のキャッシュカードの暗証番号管理は、本当に杜撰《ずさん》なものでした。

個々の通貨が進化し、新しい通貨も登場し、寿命が尽きる通貨もあることで、通貨制度はどんどん変貌してきましたし、これからも変貌を続けるはずです。変化(進化)のスピードが少し遅くなっていたかもしれませんが、ビットコインの登場は、通貨制度の変化を加速させたようにみえます。

社会学者の阪本俊生教授(南山大学)は、つぎのようにいいます。

「社会学では、貨幣(通貨)の本質は〝情報〟だととらえている。他方、情報技術の進歩で、スマホを操作し続ける若者が増えたように、人々が情報のやりとりに依存する比率がどんどん高まっている。もともと情報が本質である貨幣が、ビットコインのように情報そのものの形になっていくのは、自然かもしれない」

ビットコインのいちばんの貢献は、「通貨はまだまだ進化する」という可能性を、広く世界のたくさんの人に示してみせたことでしょう。たとえビットコインの寿命が短かったとしても、中本哲史氏の論文が輝きを失うことはないと、筆者（吉本）は考えます。

法定通貨よりビットコインが期待できる理由

ビットコインは、暗号技術を応用した非金融の電子データという通貨形態が注目されやすいのですが、ここからは、ビットコインがもたらそうとしている通貨の進化を、通貨の〝単位〟を中心に考えてみましょう。円、米ドル、ユーロなどの国家通貨との関係で、通貨制度全体にどんな進化を起こすかを予想したいのですが、参考にすべき文献があります。

リバタリアンの経済学者などが集まって組織されたモンペルランソサイエティーの初代会長で、ノーベル経済学賞受賞者でもあるフリードリヒ・A・ハイエクが書いた『貨幣発行自由化論』（原題は〝Denationalisation of Money〟で、現在は春秋社刊の『ハイエク全集　第Ⅱ期　第2

巻　貨幣論集』に「貨幣の脱国営化論」として収録）です。

刊行時（1976年）に世界中で話題になった本で、ユーロ危機とビットコインの登場で、ふたたび注目されています。ハイエクは、貨幣発行を政府が独占することの弊害を強調し、「貨幣取引すべての自由化」を主張していました。EU（欧州連合）の前身であったEC（欧州共同体）に対して、「共通通貨を導入する」のではなく、「どの国で発行される通貨であっても自由に使ってよい」と決めるほうがいいと結論づけていたのです。

通貨統合によって導入されたヨーロッパ共通通貨（統一通貨）ユーロの現状をみると、ハイエクの予言が正しかったと思われます。ただし、通貨統合の基礎理論（最適通貨論）を考えたロバート・A・マンデルもまた、ノーベル経済学賞を受賞していて、ユーロの失敗は、マンデルの最適通貨論での前提条件を満たさないで通貨統合をしてしまったからでもあります。「一国には1通貨単位」という制度にも、「複数の国で1通貨単位」「一国で複数通貨単位が併存」という制度にも、一長一短があり、どれがいいかを決めるのはむずかしいのです。

ハイエクは、世界中の人々の自由選択の結果として、世界の通貨制度が金本位制で統一されるなら、それでかまわないと述べていました。複数通貨の自由競争というプロセスこそが大切だという、いかにも経済学者らしい意見です。ハイエクが通貨に競争原理を導入することを強く主張した背景には、国家と国家組織のひとつである中央銀行に対する不信感がありました。

他方で、ビットコインや、非金融・電子情報の暗号通貨という形態について、否定的な意見を述べる人のなかには、「中央銀行がないビットコインは通貨として長続きしない」とか、「ビットコインが通貨として発展するには、中央銀行のような公的機関が必要だ」といったコメントをする人もいます。もしビットコインが十分に成長したら、どこかの国の政府がビットコインを自国の通貨制度に正式に組み込む可能性は、決して否定できません。

しかし、中央銀行を信奉しすぎる見方には問題があります。「通貨には中央銀行が必要だ」と決めつけるのは危険であり、その理由はこのあとていねいに説明します。その前に、銀行実務の経験が豊富で、金融の理論と現実のどちらにもくわしい経済学者の新保恵志《しんぼけいし》教授（東海大学）のコメントを紹介しましょう。

「ビットコインの登場で通貨の競争が起きることで、日本政府と日本銀行の経済政策がやっとまともになるのではないかと期待している。いまの通貨の信用は、結局は人間が支えていて、国家通貨であれば、政治家が通貨を堕落させてしまう。情報技術が信用を支えているビットコインのほうが相対的に優れている。また、ビットコインに国が関わるようになったら、ビットコインがダメになる。国の関与は信用の糧《かて》にならないからだ」

新保教授は、金融商品による消費者被害の救済において、日本随一の実績を誇る経済学者です。筆者（吉本）も一時期、同分野の裁判などを手伝っていたことがあり、この分野で銀行や証券会社に対抗して実績を残してきた経済学者は、日本には新保教授と筆者の2人しかいません。そして、新保教授が圧倒的な第一人者で、それゆえに消費者保護をおこなう政府機関などからの信頼が厚い新保教授が、「国の関与は信用の糧にならない」と断言されたのには、少し驚きました。その言葉は重い、といえます。

マウントゴックス破綻をみて、「ビットコインは怪しい投資詐欺に終わるのではないか」と危惧する人たちもいます。しかし、投資詐欺の被害救済や防止活動を実践してきた2人の経済学者が、日本国の法定通貨よりもビットコインのほうが期待できると公言していることを、ここで強調しておきます。

中央銀行と国家財政

中央銀行を通じた国家の関与は、なぜ通貨の信用の糧にならないのでしょうか。基本的なところから説明したあとで、中央銀行の歴史をふり返ってみます。

いまの中央銀行は、国内でもっとも安全なはずの金融資産——自国の国債を大量に購入することで、その対価として現金（紙幣・硬貨）を発行します。ただし、国家が安全資産として国債を発行できるのは、将来の税収で財政を黒字にして、それまでの借金を返済する（できる）という

〝ストーリー〟があるからです。

主たる現金通貨は紙幣ですから、中央銀行による現金の発行は「発券」ともいわれます。ちなみに、紙幣が正式な貨幣、硬貨は補助貨幣として区別されることもあります。

中央銀行が国家から直接国債を購入すると、財政規律が失われて国家が際限なく借金をしてしまい、やがて国家も中央銀行も、そして国家通貨も信用されなくなる危険性があるとの理由で、一度金融市場を通してから、中央銀行が国債を買います。これを図解したのが図表4－2の①と②の取引です。こうして国家が国債を現金に交換して、その現金を国民に支払ってモノなどを調達することで、現金が出回るようになります（図表4－2の③）。

直接買っても間接的に買っても、中央銀行が国債を買うことに変わりはなく、その国債に支払われた金利は中央銀行が受け取ります。これが発券銀行としてのシニョリッジにみえます。ただし、発券銀行が国家機関である中央銀行の場合には、得た利益を国家財政に入れますから、国家全体でみると、金利のやりとりは打ち消しあいます。中央銀行が発券するなら、国家全体でみたシニョリッジは、金利負担なしで一定規模の国債を発行できることだといえます。

そのため、中央銀行が紙幣を発行するために国債を買う部分については、やはり、財政規律が働かない危険性があります。中央銀行を国家のなかにふくめて考えれば、図表4－2の①と②の取引は相殺されますから、実際に①と②をやめて、③だけをおこなうとどうなるでしょうか。中

図表4-2　中央銀行と現金通貨

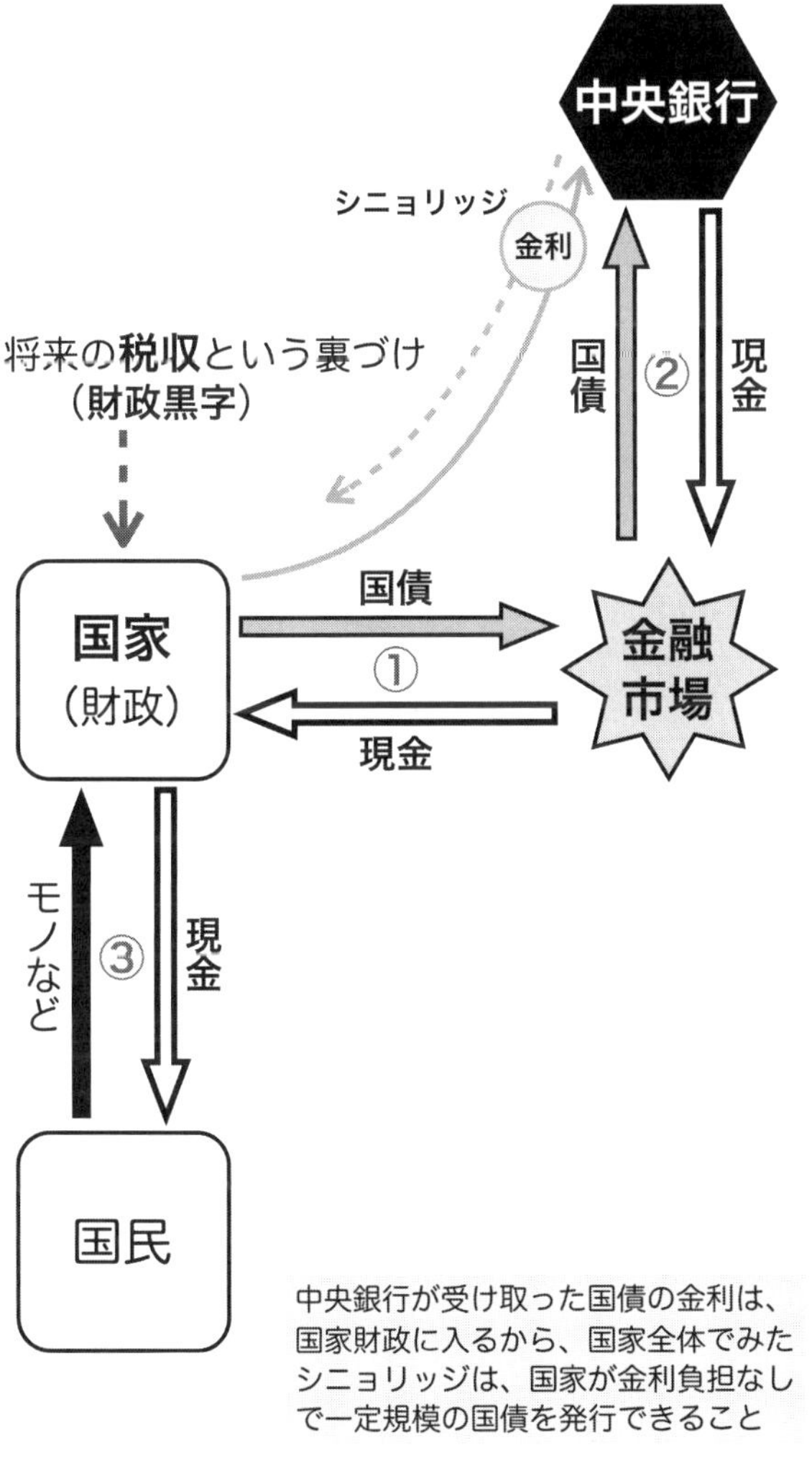
中央銀行
シニョリッジ
金利
将来の税収という裏づけ
(財政黒字)
国債
②
現金
国債
①
現金
国家
(財政)
金融
市場
モノなど
③
現金
国民
中央銀行が受け取った国債の金利は、国家財政に入るから、国家全体でみたシニョリッジは、国家が金利負担なしで一定規模の国債を発行できること

央銀行を設立せずに、国家が「紙幣」を印刷してどんどんモノを買えることになりますが、現状はこれとさほど変わらないとの意見もあります。

じつは、日本政府でずっと紙幣の印刷をおこなってきた機関は、かつては大蔵省印刷局と呼ばれ、その後に財務省印刷局となりました。いまは独立行政法人国立印刷局として、ずっと大蔵・財務省の管轄下にあります。財務省の下にある組織が1万円札などを印刷し、形式的に一度日本銀行に渡してからまた受け取る際に、金融市場によるチェックが入るかたちにしていますが、ほとんどの日本国民は、この流れを意識せずに1万円札を受け取って使っています。

日本銀行とのやりとりをやめて、財務省自体が、印刷した1万円札をそのまま国民に支払っても、まったく気にしない日本国民は多いでしょう。そうなったときに財政規律が守れるかどうかを心配するのなら、日本銀行が存在しても、日本銀行が日本政府の望むままに国債を購入して通貨を増発してしまえば、やはり財政規律など守れないことを意識すべきです。

銀行預金と国債

また、金融市場で大部分の日本国債を取引しているのは、日本国内の銀行（金融機関）です。そのなかに日本銀行もふくまれるわけですが、日本銀行の数倍の規模で日本国債を買って保有しているのが、日本の民間銀行部門です。そして、国家通貨の大部分は預金であり、国債も広い意味での通貨にふくまれます。この実態を図表4－2に書き加えると、図表4－3になります。中央銀行を通さない流れに注目して図解していますので、国家から中央銀行に国債の金利が支払われるけれども、結局は国家財政に戻ってくるという流れは、省略してあります。

日本政府にかぎらず、世界中の多くの国家が、通常の方法ではもはや返済不可能にみえる政府債務を抱えています。それでも毎年、さらに国債を発行している国が多く、日本もこれをやめられません。発行された国債は金融市場で売られ、対価として国家が現金を得て、国民からモノなどを買うのに使うから、現金が出回ります。ここまでは図表4－2と同じです。

国民はすぐに使う予定がない現金の大部分を銀行に預金します。預金せずに株などを買っても、その株を売った国民が預金をするといったように、現金のまま保有されないかぎり、誰かが預金をして銀行に渡されます。あるいは、銀行や証券会社などを通じて国債を買うことで、対価の現金が金融市場を通じて国家に渡されることもあります。

銀行が預かった現金のかなりの部分は、国債の購入によって運用されます。預金者に金利を支払いながら安全に運用するには、国債での運用がいちばん手堅いからです。ここでも、どこかの企業にその現金を貸したら、その企業が預金をしてという流れのなかで、やがて国債の購入に使われて、国家に現金が戻っていくという論理が働きます。

図表4－3の①・③・④・⑤の循環がずっと続くなかで、国民のところを通る現金と、国民の預金口座に貯まる預金と、国民が保有することになった国債などが、通貨として機能することになります。国家と国民と民間銀行（金融機関）の間を現金と金融資産（国債・預金など、誰かの負債でもある）がぐるぐると循環するなかで、通貨として機能しているのです。

中央銀行が買わなかった国債の金利も、その購入者が国内の銀行か国民であれば、ぐるっと回って、国家財政に戻ってきます。国債発行が増えて国家の金利支払が増えたときには、実態として、その分だけ増税されているとみてもいいからです。

国家の基本収入が税収しかないなら、金利は税収を使って支払われます。税収が一定で変わらない状態で金利負担が増えると、その分だけ国民に対するサービスに使える税収が減ります。国民からみれば、同じ税負担で得られるサービスが減るのだから、実態としては増税です。これは、同じ価格のまま内容量が減らされた商品は、値上げされたといえるのと同じです。

図表4－2で強調した中央銀行経由の現金通貨供給のしくみも、図表4－3で強調した民間銀行経由の預金通貨供給のしくみも、基本は共通しています。日本をふくむ多くの国で、国家通貨の裏づけになっている金融資産は、現金でも預金でも、国債が大きなウエイトを占めています。国債以外の金融資産をふくめても、国内で国家と銀行と国民がおこなう貸し借り（貸借《たいしゃく》）が、国家通貨の価値の裏づけとなっています。

図表4-3　銀行と現金・預金通貨

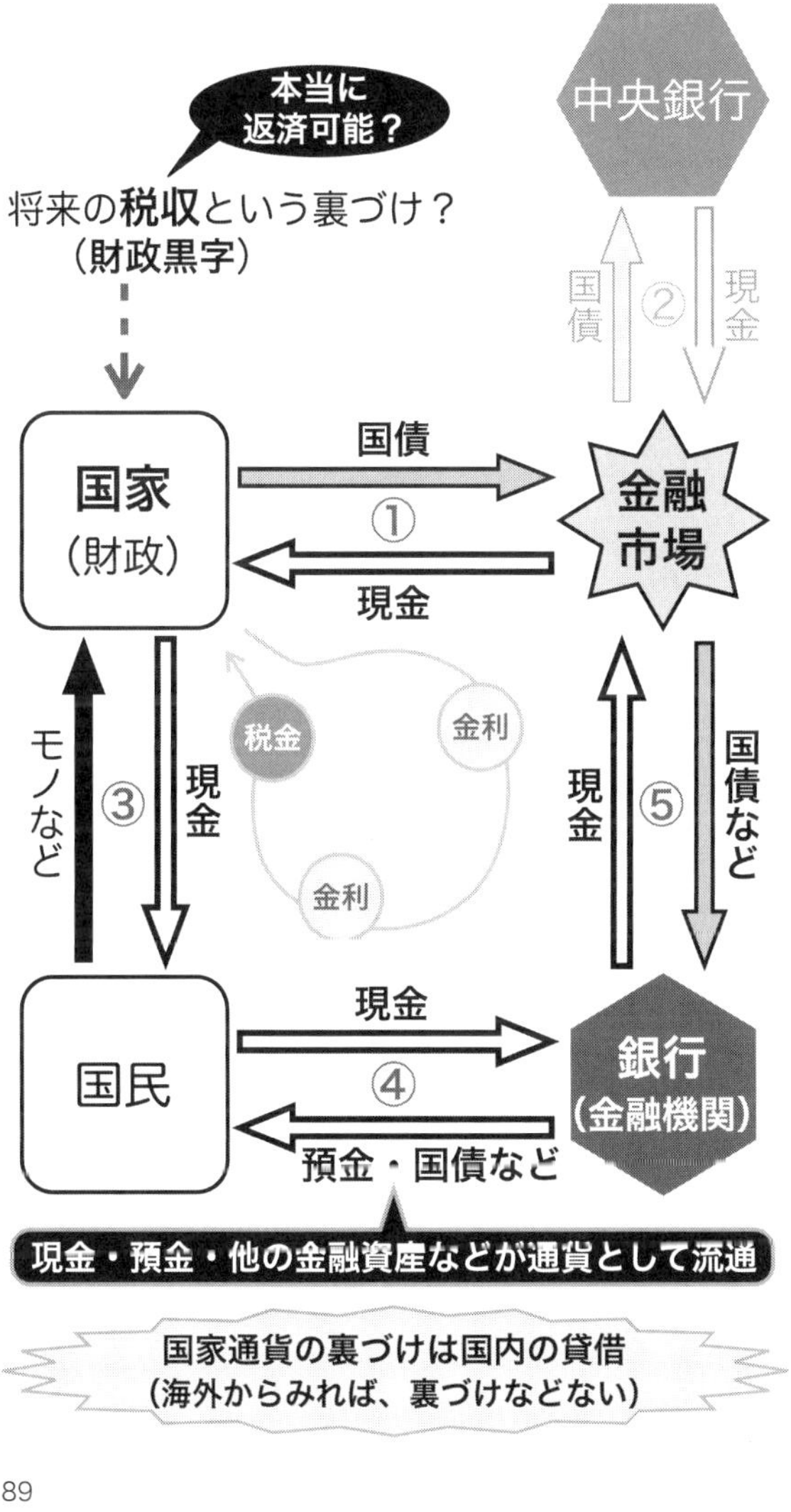
本当に
返済可能?
将来の税収という裏づけ?
(財政黒字)
中央銀行
国債
②
現金
国家
(財政)
国債
①
現金
金融
市場
モノなど
③
現金
税金
金利
金利
現金
⑤
国債など
国民
現金
④
預金・国債など
銀行
(金融機関)
現金・預金・他の金融資産などが通貨として流通
国家通貨の裏づけは国内の貸借
(海外からみれば、裏づけなどない)

海外とのやりとりが入ると、話はかなり複雑になりますが、日本の場合は国債のほとんどが日本国内で消化されていますので、ここで説明した単純な話がほぼ成り立ちます。外貨資産（たいていは外国政府が発行した国債か、金）も、通貨の裏づけ資産に使われますが、その比率がよほど高くないかぎり、その国内での貸し借りが国家通貨の裏づけになっているという基本原理は変わりません。

ＴＶドラマをみていると、殺人事件の捜査などで「身内のアリバイ証言はアリバイになりません」というセリフがよく出てきます。これと同じで、海外からみれば、身内（国内）の貸し借りは通貨の裏づけにはなりません。これがよくわかっているからこそ、各国政府はいまだに金を外貨準備として保有していますし、新興国政府は、米ドルやユーロのように海外で通用しやすい外貨をたっぷりと保有すべく努力しています。

経済がどんどんグローバル化しているなかで、「中央銀行が現金を発行しているから、価値の裏づけがある」とか、「ビットコインにも中央銀行として機能する機関が必要だ」などと主張するのは、明らかにまちがっています。ましてや、ビットコインは国際通貨であり、十分に使いやすい国際通貨に中央銀行機能がプラスできるのであれば、ずっと昔にそうした通貨が登場しているはずです。

国際通貨の中央銀行としての機能実現にいちばん近い国際機関は、ＩＭＦ（国際通貨基金）です。そのIMFが生み出し、世界各国が国際通貨として公認している通貨として、「SDR（特別引出権《ひきだしけん》）」がありますが、いまやほとんど話題になりません。通貨としての寿命が終わりつつあるところを、生命維持装置で延命している印象です。

金融・経済の専門家でビットコインが気に入らない人は、ビットコインを批判する前に、IMFとSDRなどを活用して少額の国際決済ができるようなしくみを、真剣に考えるべきでしょう。それが無理だというなら、ビットコインのような暗号通貨に中央銀行は不要である、と認めるべきです。

中央銀行の「生い立ち」

中央銀行は、その生い立ち（発展プロセス）を考えても、過度に信用するのは危険な国家機関だといえます。ただし、日本銀行の信用と円が暴落する危険性は、すぐには結びつきません。これまで強調してきたのは、単に、いまの日本銀行は日本円の信用を高めるのに役立っていないという内容です。また、高度経済成長が終わってからの日本銀行は、政治家による不適切な影響を強く受けやすく、ずっと信用に値しない中央銀行であったといえます。

中央銀行には、3つの大きな役割があります。すでに紹介してきた役割で、「発券銀行」「銀行の銀行」「政府の銀行」の3つです。経済学のテキストには、いかにもこの順で重要な役割であるかのように並べられていたりしますが、歴史的には、3番目の「政府の銀行」として設立されたという経緯があります。

いまのような中央銀行制度が世界標準の経済社会制度になったのは、イギリスがイングランド銀行を設立して成功し、フランスでもナポレオン・ボナパルトがフランス銀行を中央銀行とし、とりわけイギリスの経済的な繁栄が中央銀行制度を世界に広めたからです。

イングランド銀行は、50歳を過ぎたニュートンがイギリスの王立造幣局監事になる2年前の、1694年に設立されました。1716年にはフランスで、のちのフランス銀行の原型となる王立銀行が設立されました（王立銀行になったのは1718年からです）。

イングランド銀行はそのまま現代まで続いている中央銀行ですが、設立時には、中央銀行の役割のうち「政府の銀行」としての役割だけを担っていたのです。王族などの浪費と戦争のために莫大な金額に膨らんだ国家債務を整理するために（国家の借金をうまく処理するために）、そして、戦争継続のための資金をさらに国家に提供するために、イギリスやフランスなどで設立され、のちに世界中に広まったというのが、中央銀行の生い立ちです。フランスの王立銀行を創立したジョン・ローは、王立銀行に紙幣を発行させ（王立銀行は中央銀行ではないので話が複雑ですが）、国家債務をうまく消す企みの中心的な役割を担わせました。

株式会社の誕生とバブル

17世紀から18世紀にかけて、金融と通貨の重要なイノベーションが起きていますので、17世紀の初めに話を戻して、順に説明しましょう。

1602年にオランダで設立されたオランダ東インド会社は、世界初の「株式会社」とされます。株式会社は、金融における最重要イノベーションのひとつです。それまでにもオランダとイギリスで、香辛料などを手に入れるための東方貿易(帆船でヨーロッパとインド・東南アジアを結ぶ貿易)をおこなう東インド会社は、いくつも設立されていました。ただし、1回の航海ごとに資金を集め、戻ってきた船が積んでいた荷物を売ると出資金を清算するというやり方でした。

オランダ議会から貿易を独占する特権を与えられて、1602年に設立されたオランダ東インド会社は、出資金が10年間は据え置かれ、永続的な株式会社として資金を集めました(実際に、江戸時代で鎖国時の日本とも貿易をおこないながら、約200年も営業を続けました)。そして、ライバルであるイギリス東インド会社の10倍以上の資金を集めたといいます。

設立時から現代の企業会計の基本である「複式簿記」が採用されており、利益は配当され、株を他人に売ることで出資金が回収できました。また株価は、東インド貿易の利益に影響を与えるニュースに反応して変動するなど、現代の株式会社と株式市場のしくみが、すでにできあがっていた点に驚かされます。不適切な会計処理によって、さほど利益がないのに多額の配当がなされたときもあったようで、このあたりの問題も現代に通じるものです。

資産価格などの「投機的バブル」にもつながりました。1630年代に入って、オランダ東インド会社の株価が急上昇したり、住宅価格も上昇したりするなかで、珍しい色柄の花を咲かせるチューリップの球根に対する投機熱が盛り上がり、たった1個のチューリップ球根が、馬車や何頭もの家畜を上回る価格で取引されるまでに高騰しました。歴史的に有名なチューリップバブル(1636～37)です。……なぜオランダで起きたかといえば、世界初の株式会社がオランダ東インド会社だったからで、このあたりは興味深いところです。

まだ成長せずに地中にある状態の(本当に珍しい花が咲くかどうか不確実な)球根が先物取引によって何回も転売されたり、球根を担保に借金をしてさらに球根を買うといった行動をする人も多かったりと、明らかに異様な取引が横行しました。そしてバブルが崩壊したのですが、この時期にはまだ「バブル」という言葉は使われていませんでした。このあと、いまでいうバブルは「チューリップ狂」と表現されることになりました。

チューリップバブルから約60年後、イングランド銀行が設立された1694年の前後には、イギリスでイギリス東インド会社を中心とした株価バブルが起きて、やがて崩壊しました(169

0～96)。宝探しなどの怪しげな新ビジネスをおこなう会社が次々と設立され、すぐに株価が急上昇したものの、バブル崩壊時に大半が破綻したのでした。

また、企業家が政治家と結びつきながら不正に株価を操って巨額の儲けを得るような事件も起きました。1695年には株式を利用した汚職事件によって、イギリス東インド会社総裁が投獄され、要職にあった政治家の何人かが処分されています。そんな経済社会情勢のなかで、株価バブル崩壊が起きた1696年にイギリスの造幣局監事になり、贋金づくりの組織を撲滅するのに活躍したのが、天才科学者ニュートンでした。

ニュートンの〝失敗〟に学べ!

ニュートンは、イギリスの通貨の信用回復に貢献しました。現金通貨の信用を維持するうえで重要な点のひとつが「偽造防止」で、ニュートンが通貨偽造犯に厳罰を適用したために、偽造防止効果が高かったといわれています。ニュートンはまた、硬貨の改鋳《かいちゅう》もおこないました。このとき、金貨と銀貨の交換比率を市場価格と異なるものに設定したため、銀貨が消えて、金貨中心の「金本位制」になりました。

この経緯について「ニュートンの計算ミスが、イギリスを金本位制にした」と解説する人もいますが、本当に計算ミスだったのかはわかりません。いずれにしても、ニュートンがもたらしたとされる金本位制の下で、イギリスの物価と通貨価値は安定し、イギリスの経済発展に貢献しました。

他方で、「はじめに」でも述べたように、ニュートンは錬金術の研究に熱中し、また、怪しげな投資話に乗って大損もしています。ニュートンが大損した株価バブルは、イギリス東インド会社などの株価バブル崩壊から30年も経たないうちに起きたもので、しかも、フランスとイギリスでほぼ同時に貿易会社の株価バブルが発生し、ともに1720年に崩壊したのでした。

このときのフランスの株価バブルの中心にあったのが、先ほど紹介した王立銀行と、その創設者のローでした。北米（フランス領ルイジアナ）の金鉱を掘る目的で設立されたミシシッピ会社は、やがて東インド貿易などの特権も得てインド会社と呼ばれるようになりました。ローは、王立銀行に紙幣を発行させて、ミシシッピ会社に貸し付けました。さらに、ミシシッピ会社に株を発行させて、その株を求める国民には国債と引き換えで株を売ったのです。

多額の株を発行することでフランスの国債は回収でき、紙幣増発に後押しされたバブルで株価が急騰したこともあって、国民も喜びました。しかし、価値のない国債を集めただけの会社であったために、株価バブルはすぐに破裂し、株価は暴落してしまいました。このミシシッピバブルが、フランス国民に「銀行（banque）」という言葉を忌み嫌わせる原因になったため、フランスの民間銀行の多くは、その名称に「銀行」という言葉を入れていません。

他方で、国民を怪しい投資詐欺に陥《おとしい》れたかたちになった王立銀行は、80年後の1800年にナポレオンが設立した中央銀行――フランス銀行の原型となりました。高校の世界史の教科書などでは、ナポレオンの業績のひとつとして、フランス銀行(中央銀行)の設立が挙げられていますが、当時の中央銀行は、戦争に明け暮れる国家が国民に戦費負担をさせるためのしくみであったことを、きちんと意識して評価すべきでしょう。

話を、ミシシッピバブルが崩壊した1720年に戻すと、同じ年にイギリスで投機対象となったのは、中南米との貿易特権を与えられた南海会社でした。フランスのミシシッピ会社と同様に、イギリスの南海会社は国家の借金を肩代わりさせる意図をもって設立され、株価のバブル(高騰)でその目的はある程度達成されたものの、すぐにバブルが崩壊して株価が暴落し、国民に損害を与える結果になりました。

南海会社が特権を与えられた地域との貿易の支配権は、実際にはスペインにほぼ握られていましたから、やはり価値のない会社でした。こちらは南海バブルと呼ばれ、イギリス史上最悪のバブルともいわれています。他にも多数の怪しげなビジネスを企画した会社が乱立し、資金を集めてはすぐに消えました。これが「泡沫《ほうまつ》会社(バブル)」と表現され、そこからバブルという呼び方が定着したのです。

この南海バブルで、現在の貨幣価値で1億円を超えるといわれる損失を被《こうむ》ったのが、晩年のニュートンでした。南海会社が与えられた貿易特権に価値がなかったことを考えると、国家的な投資詐欺にもみえてしまう南海バブルに、造幣局長官も務めたニュートンが引っかかったという事実は、教訓として覚えておくべきです。

これさえ覚えておけば、「金融工学の天才なら資産運用で儲けられる」という話が大ウソであることが、簡単に納得できるでしょう。天才中の天才であるニュートンが、国家の金融政策を左右する立場に上りつめたあとに、株で大損したのですから。

「知力のビットコイン」vs.「武力の国家通貨」

イングランド銀行も、フランス銀行の前身の王立銀行も、18世紀にはまだ現代的な中央銀行ではありませんでした。発券銀行ではありましたが、他のいろいろな銀行も発券業務をおこなっていて、〝独占的な発券銀行〟ではなかったからです。イングランド銀行が独占的な発券銀行となったのは1844年で、民間銀行が経営危機に陥ったときに資金を貸すかたちで「最後の貸し手」機能を担うようになりました——銀行の銀行としての役割を完全に果たすようになったのは、さらにそのあとです。

成功例として世界に中央銀行制度を普及させる元になったイングランド銀行が、歴史的に3つの役割をどの順で与えられてきたかを図示したのが、図表4-4の上側です。中央銀行は、発券銀行だから現金通貨の裏づけとなりますし、銀行の銀行として最後の貸し手にもなりますから、民間銀行による預金通貨の裏づけにもなる機関です。

しかし、中央銀行の存在だけでは、国家通貨の信用は維持できません。これを図解したのが図表4-4の下側です。国家通貨の信用は、「平常時の国内決済」では、第一に法的強制力、第二に中央銀行の信用によって支えられています。

ただし、法的強制力があっても、相手が国家通貨での決済を避けようとするケースはよくあります(日本では起きにくいことですが)。正確には、「法的強制が流通力を維持するのに役立っているから、他の誰もが受け取ってくれるはずだ」という信用があって、だから自分も受け取るのです。中央銀行が政策的に「通貨価値を大幅に下落させる激しいインフレは避けるはずだ」との信用も、中央銀行の金融政策に影響を与える政府(政治家や官僚)もまた「激しいインフレは避けるはずだ」との信用とセットでなければ、意味がありません。

現代の国家通貨にとってより重要なのは、「危機時」あるいは「国際決済」での信用です。これを維持するには、残念ながら〝武力〟がどうしても必要です。外国に侵略されて国が滅んでしまえば、国債を裏づけに発行された紙幣の価値は消えます。滅亡しなかったとしても、あるいは

図表4-4　中央銀行の役割と、国家通貨の信用

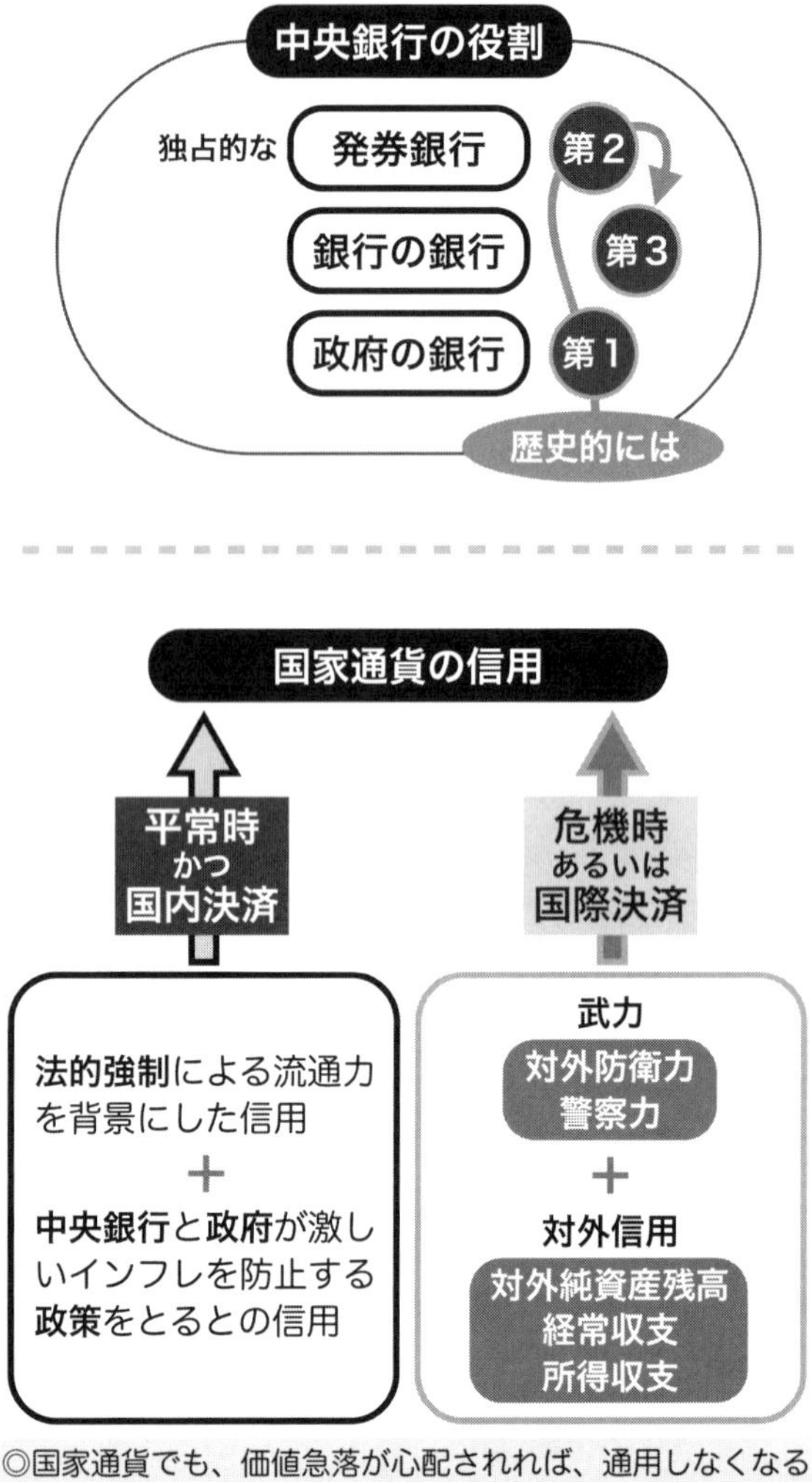

◎国家通貨でも、価値急落が心配されれば、通用しなくなる

侵略を防げたとしても、巨額の戦費がかかる戦争をしてしまえば、国家財政が破綻して通貨価値が暴落するかもしれません。戦争抑止力としての対外防衛力と、通貨偽造組織を取り締まるための警察力がなければ、国家通貨の信用は維持できないといえます。

さらに、いまのほとんどの国は、海外からの輸入が完全に止まれば経済が大混乱に陥ります。だから、通貨価値が国内で維持されていても、対外的に暴落すれば、通貨としての機能が大幅に低下します。対外的な信用があることも必要です。これを左右するのは、対外純資産残高、経常収支、所得収支などです（この話はかなりむずかしいので、本書では解説しません）。

国家通貨でも、なにかのときに価値が急落するのではないかとの心配が強まれば、通用しなくなります。日本でさえ、その心配から日本円での預金をまったく信用しない人は、たまにいます。そして、国家が発行しているからこそ、国家が攻撃対象にされたときに守れる力がないと、国家通貨の信用は維持できません。武力による裏づけこそが、国家通貨の基礎です。

他方、ビットコインには中央銀行がなく、最後に責任をもつ主体も存在しません。だから武力で攻撃される心配はない（武力での攻撃対象が存在しない）代わりに、暗号を破られないように守れるかどうかの〝知力〟が、武力に代わる基礎になっています。誤解を恐れずにわかりやすいイメージでいえば、「ビットコインvs.国家通貨」の通貨の信用対決は「ペンvs.剣」に近いといえます。

中央銀行が不要だからビットコインは優れている?

中央銀行は、イギリスとフランスが戦争をくり返し、お互いに国家の債務が通常の方法では処理できなくなった状況を強引に処理しようとして、かなり怪しい人たちによって設立されたものです。発券銀行としての役割を重視する近代的な中央銀行になったあとでも、いざ国家が戦争をするとなれば、戦費調達に協力して、軍人たちが要求するままに紙幣を印刷するはずです。国家が滅べば中央銀行も消えますから、仕方がありません。

日本銀行にもその前科がありますが、当時(戦時中)の日本銀行を責めても意味がありません。国家が莫大な戦費を投じて戦争をしてしまえば、国家財政は危機に瀕《ひん》しやすいでしょう。中央銀行はしょせん国家機関であり、戦争を止める権限もありません。

第二次世界大戦後に日本で起きたハイパーインフレは、戦費調達のために発行された国債を日本銀行が無制限に引き受けたことが大きな要因になっています。しかし、日本銀行がそれをしなくても、同じ結果がもたらされた可能性は高いでしょう。

中央銀行が独占発行する現金通貨(紙幣)と、中央銀行が最後の貸し手として支える民間銀行の預金通貨。この2つを中心とした国家通貨は、もともと〝戦争の道具〟という一面を強くもって誕生しました。残念ながら、国家が戦争をすれば、また戦争の道具として機能することになります。ビットコインは、そんな中央銀行が不要だからこそ通貨として優れている、との見方もできるはずです。

国際決済の増加と中央銀行

明治維新後の日本で、中央銀行である日本銀行が設立されたのは1882年でした。アメリカの中央銀行である連邦準備銀行が設立された1913年より、30年以上も前です。アメリカでは、中央銀行設立の試みが一時的なものに終わり、中央銀行が存在しないまま、多数の民間銀行が発券銀行としての役割を果たす状態が長く続いていたのでした。

明治維新後の日本は当初、当時のアメリカの銀行制度を参考にして、中央銀行を置かずに、民間銀行に発券させていました。しかし、やがて中央銀行を置くヨーロッパ諸国を参考にする方針に転換して、日本銀行を設立します。

「富国強兵」をスローガンにしていた明治政府が、日本銀行を設立したのは自然な流れといえるでしょう。実際にそれから20年ちょっとの期間に、日本政府は日清戦争と日露戦争の2つの戦争を起こしています。

こうして過去の歴史をふり返ると、中央銀行が通貨を発行しなくても、通貨制度は十分に維持できるとわかります。相対的に重要なのは、通貨よりも金融だからです。実際に、中央銀行の役割のなかで現在もっとも価値が高いものは、「銀行の銀行」としての役割のうち、預金ネットワークでの決済サービス提供――日本であれば日銀ネットと呼ばれるものです（90ページ参照）。決済の大部分が預金でおこなわれていて、かつ、中央銀行が通貨の信用に与える影響は意外に小さいので、預金決済の中核をなすサービスこそが、中央銀行のいちばんの存在価値だといえます。

したがって、中央銀行の存在価値はこのままではどんどん下がることが予想されます。経済のグローバル化によって、国際決済の比率が高まり続けると予想されるからです。図表4－5でそのイメージを示しました。日本は、世界のなかでも特に「輸入依存度が低い」国です。21世紀に入って原油価格が高騰し、原油輸入額が大幅に増えるまで、つまり20世紀が終わるまでの20年間でみると、世界でもっとも輸入依存度が低い国でした。

いまも、日本の輸入依存度は世界有数の低さを誇り、日本人は、自国通貨の円が通用する範囲が相対的にかなり広い国に住んでいます。しかし、円の現金の法的強制力と日銀ネットを利用した円の預金決済ネットワークが適用される範囲は、日本国内での経済取引に限定されます。海外旅行に行ってモノを買うとか、海外の通販サイトでモノを買うとなれば、国際決済をともないま

図表4-5　グローバル化による国際決済の拡大

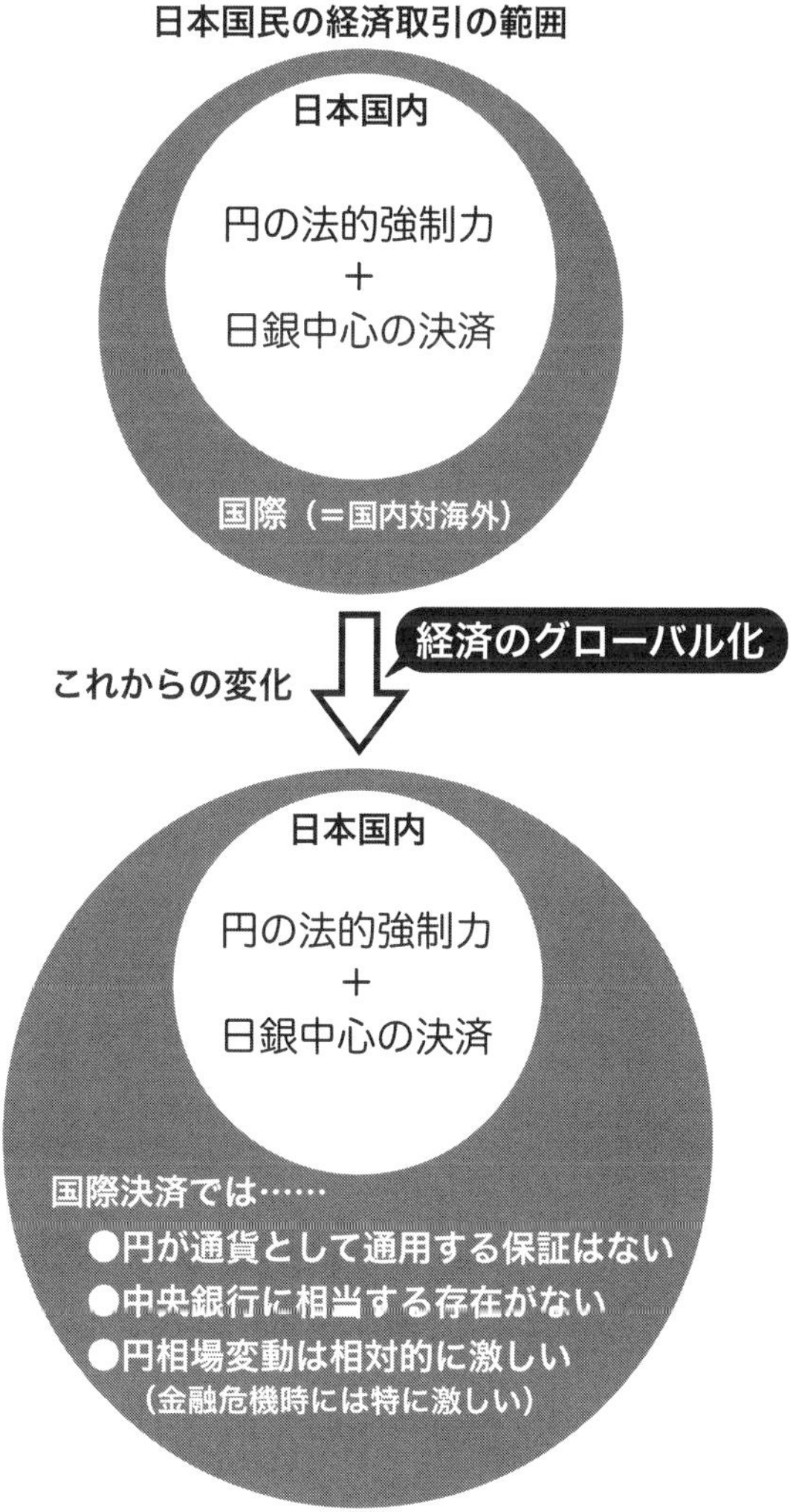

す。

国際決済で円が使えるケースもありますが、あくまで例外的で、円が国際決済通貨として通用する保証はどこにもありません。中央銀行に相当する存在がないために、預金ネットワークでの決済の取引コストがかなり高くなりうることは、すでに述べました。日本円の為替レート（円相場）変動は、先進国通貨のなかでは、相対的に激しいとされています。金融危機時にはどの通貨も大幅な変動が起きやすいのですが、日本円は他の通貨よりもさらに大幅に動きやすいのです。

ビットコインのような暗号通貨は、国際決済での取引コストを劇的に下げられるので、成長の余地が十分にあることを、第2章で強調しました。さらに、経済のグローバル化によって国際決済のウエイトが高まりますから、暗号通貨の成長は相当に大きなものになりうるでしょう。実体経済の変化に時間がかかるとしても、通貨や金融の分野は、予想される変化を先取りしやすいため、ビットコインのような暗号通貨が急成長したとしてもおかしくはありません。

日本も複数通貨併存制に進化せよ！

ビットコインが急成長をしても、不完全な通貨がお互いに補完する通貨制度という構造は、基本的に変わらないでしょう。他の通貨がそうであるように、ビットコインもまた長所・短所をもつ不完全な通貨だからです。そうなると、経済活動のなかで複数通貨を使い分けることが当たり前になります。

それが、ひとつの国の通貨制度全体にどう影響するのかを、よく考えてみるべきでしょう。マクロ経済面でのビットコインの最大のインパクトは、おそらくこの点にあるからです。

たとえば、日本国民の経済取引のなかで通貨の多様性が増し、自然に通貨間の競争が激しくなると予想されます。もともと、国際決済で米ドルを使うために、決済通貨として米ドルを蓄えている人は昔からいました。1998年に外為法《がいためほう》（外国為替及び外国貿易法）が改正されたとき、日本国内での外貨取引が原則として自由化され、当時は、日本国内でもかなり米ドルが使えるようになるのではないか、と騒がれました。

あまりそうなっていないようにみえますが、水面下では、日本国内の経済取引で外貨が通貨として使用される比率が高まっています。グローバル化がすすむなかで、日本での買い物にやってきた外国人富裕層にたくさん消費してもらうには、外貨で買い物をしてもらえるほうがいいからです。

わかりやすい具体例を挙げましょう。東京・銀座のブランドショップでは、中国人富裕層が購入する比率がかなり高くなりました。促進策のひとつとして、中国のキャッシュ・デビット兼用カードである銀聯《ぎんれん》カードでの決済を、いろいろな店が受け入れた効果が大きかったといわれています。中国の銀行にある人民元《じんみんげん》の預金で決済するための補助手段（カード）が、日本国内のいろいろな店で使えるようになっていて、提携している日本国内のATMでも使えます。

いろいろと規制が強い人民元の、しかも、中国人民銀行（中央銀行）が支援する銀聯カードのしくみですから、一般的な話にはできませんが、経済のグローバル化がすすめば、国内で外国通貨での決済が増えるという典型例です。人口減少が始まった日本経済にとって、国内での外国通貨決済の拡大は、経済成長率を高めるうえで必要です。日本の生産者や小売店などが、海外の企業や消費者にもっとモノを買ってもらいたいなら、複数通貨が本格的に併存する通貨制度への進化を受け入れるべきだといえます。

複数通貨のメリットとは？

単純に、通貨制度として単一通貨と複数通貨のどちらがいいのでしょうか。これはEUの通貨統合の際によく議論された点です。ポイントだけを強調してできるだけ簡単にまとめると、単一通貨なら、通貨交換の取引コストを節約できますから、経済効率が上がります。複数通貨なら、通貨間の交換レートがいろいろな調整に使えます。どちらを選ぶかという話になります。

実際にはもっと複雑な議論が必要ですが、単純な分析だけでも確実にいえることがあります。

国家通貨の現金や預金での複数通貨なら、単一通貨と比べて、通貨交換時の取引コストが高いことが大きなデメリットになります。単一通貨のメリットが大きいともいえます。しかし、ビットコインはその取引コストがきわめて低いことがひとつの長所です。複数通貨のときの最大のデメリットが、とても小さくなっているのです。

他方、複数通貨であれば、通貨の交換レートの変動をいろいろな調整に使えます。単一通貨に統合すると、その調整機能が使えないことがデメリットになります。EUの通貨統合は、このデメリットがとても大きいことを証明しました。通貨統合の前提条件として、同じ通貨を使う地域内では、なによりも人・モノ・カネの移動が自由であることが大切になります。そのためにいろいろな制度を統一する必要もあります。

EUでユーロを使う地域内での人の移動しやすさは、通貨統合の前提条件を満たしていません。国ごとの制度のちがいがあまりにも大きいからです。同じユーロを使っている国なら、国内都市の間で引っ越すのと同じ感覚で、ユーロ圏のなかの外国に引っ越せるぐらいでないとダメなのに、そうはなっていないのです。社会制度だけでなく、文化も政治も大きく異なるからです。

このように、ビットコインの特徴や現実的な条件を加味して考えると、複数通貨制度にすることのデメリットより、メリットのほうが大きいように思えます。この評価のポイントは「複数通貨が併存して交換レートが変動することでの調整機能」がどれほどのものかにあります。基本的なところから説明しましょう。

ユーロ危機にみる単一通貨のデメリット

まず、「ユーロ危機」について考えます。ヨーロッパ内で、2010年からギリシャ経済が大きな問題になり、ユーロ圏の他の国への影響も大きいことから、ユーロ危機とも呼ばれました。ポルトガルやスペインなどの経済状況も危険だとされ、2013年にキプロスも金融危機に陥り、銀行預金への課税が議論されるようになって、それを避けたい人たちがビットコインを逃避先に選んだことで、注目を集めたという経緯があります。

通貨の問題は、単位と形態の両方を具体的に選んで議論すべきであることがよくわかる事例です。キプロスが国家通貨として通用させているユーロという通貨単位は信用できるとしても、キプロスの銀行に預ける「ユーロの預金」は信用を失い、政府からの課税を逃れやすい「暗号通貨(非金融・電子情報)のビットコイン」が選ばれたのでした。

ギリシャの危機はなぜ起き、どうして沈静化したのかを、明確に示すグラフが212ページの図表4-6です。ユーロ圏の中央銀行であるECB(欧州中央銀行)が公表している「労働コスト上昇率ベースの実質実効為替レート」のデータをグラフ化してあります。ユーロ圏にあって、同じユーロを使っているのですから、ギリシャとドイツの間の為替レートは「1ユーロ＝1ユーロ」で完全に固定されています。

ところが、為替レートには「名目・実質」のちがいがあり、「2国間・多国間」のちがいがあります。私たちがいつもみている為替レートは、物価の調整をしていないという意味で「名目」であり、かつ「2国間」の為替レートです。

しかし、実質的な通貨の価値は「その通貨でどれだけのモノが買えるか」で評価すべきものです。物価が2倍になれば、同じ1ユーロで買えるモノは半分になりますから、1ユーロの実質価値は半分にまで安くなったとみるべきなのです。こうして物価を調整したあとの為替レートが「実質為替レート」です。そして、企業の競争力をみたいなら、物価よりも賃金などの労働コストを調整したほうがいいとされています。その調整をしたのが「労働コスト上昇率ベースの実質為替レート」です。

また、たくさんの国と貿易しているなら、主要な貿易相手国すべての通貨との間の、平均的な為替レート変動をみたいところです。そうして多国間の為替レートをみるのが「実効為替レート」です。また、実質かつ実効の為替レートをみるのが「実質実効為替レート」です。

慣れないとわかりにくいデータですが、重要度が高く、どこの国の中央銀行も計算して公表しています。労働コスト上昇率ベースのものは、公表している国とそうでない国がありますが、ユ

図表4-6　ユーロ危機の根本原因

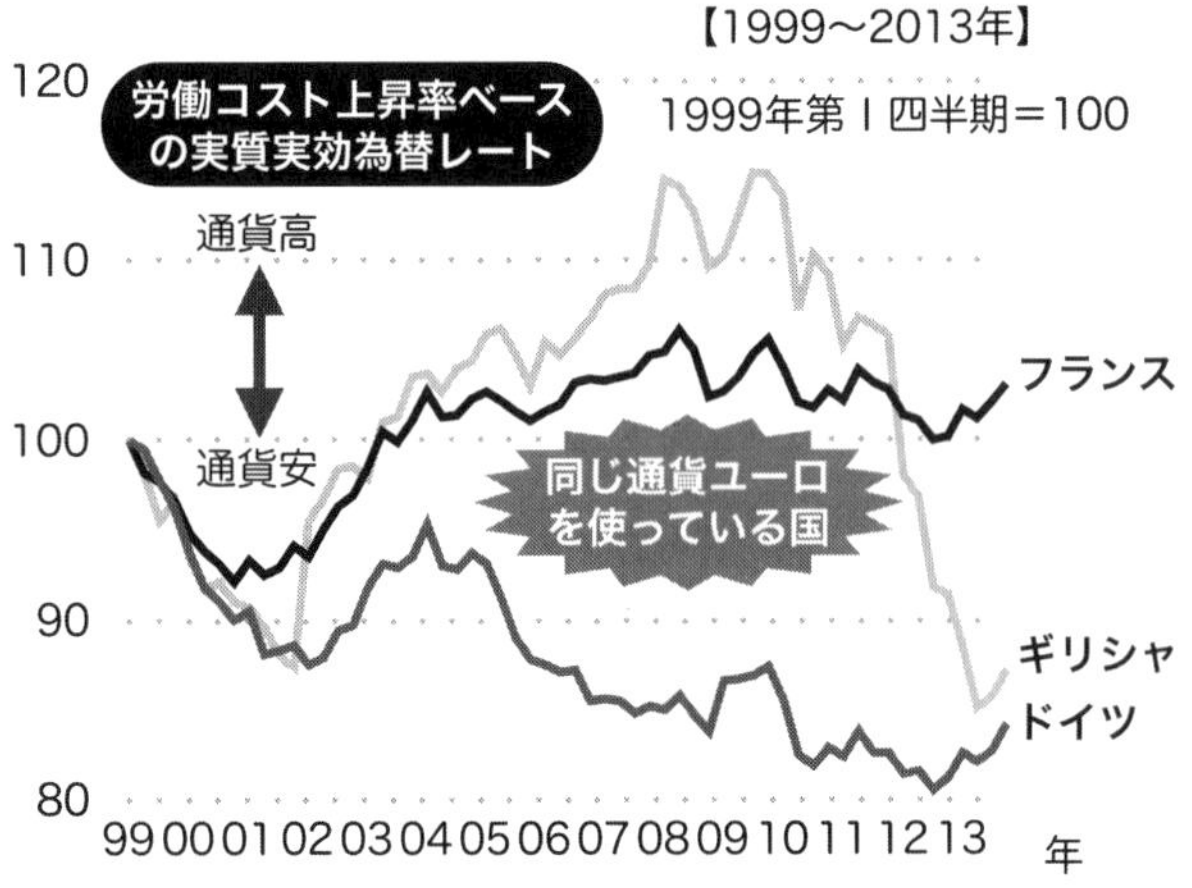

（出所）ＥＣＢホームページ

ーロ圏ではこれが重視されやすく、ですからＥＣＢが公表しています。データの意味はつかみにくいかもしれませんが、結論はわかりやすいはずなので、図表4－6をみながら結論をまとめましょう。

ドイツ、フランス、ギリシャの3ヵ国は同じユーロを使っていますが、労働コストや物価の上昇率に差があったために、実質的な為替レートは大幅に異なる動きをしています。ギリシャで危機が起きた2010年までのグラフだけに注目すると、ギリシャとフランスの為替レートがとても高く、ドイツの為替レートがとても安くなっていました。なぜでしょうか。

ギリシャとフランスの労働コストの上昇率が、長期にわたってドイツより高かったからです。原理を説明するために、現実とは異なりますが、単純な数値例で考えましょう。

通貨統合がおこなわれた時点の労働者の1時間当たりの労働コスト（時給と考えてかまいません）が、ギリシャでもドイツでも10ユーロだったとします。それから10年が経過して、ギリシャの労働コストは10％上がり、ドイツでは10％下がったとしましょう。両国でひとりの労働者が1時間に10個つくれるモノがあって、それは変わらずに、時給などの労働コストだけが変化したとします。

ギリシャとドイツで、1ユーロの労働コストをかけて、何個のモノがつくれるでしょうか。当初はどちらも1時間10ユーロのコストで10個つくれましたから、1ユーロで1個ずつつくれたはずです。したがって競争力に差はなかったでしょう。

10年後に、労働コストが10％上がったギリシャで10ユーロ分だけ働いてもらうと、10％少ない労働時間になり、9個しかつくれません。労働コストが10％下がったドイツで10ユーロ分だけ働いてもらうと、10％余分に働いてもらえますから、11個つくれます。

同じ1ユーロの労働コストでつくったモノを輸出しようとすると、ギリシャは0・9個しか輸出できないのに対し、ドイツは1・1個輸出できます。これを同じ1ユーロで売れば、ドイツ企業が競争に勝つのは明らかです。実質的には、ギリシャの1ユーロは、かつての0・9ユーロの価値しかないのに、名目上は1ユーロのままだから、実質的には10％高すぎるのです（過大評価されているのです)。他方で、ドイツの1ユーロはかつての1・1ユーロの価値があるのに、名目上は1ユーロで固定されているから、実質的に10%安すぎるのです(過小評価されているのです)。

実際の数値はこんなに単純ではありませんが、ギリシャ経済が危機に陥る前には、ギリシャのユーロがドイツのユーロに比べて、実質的に大幅な過大評価になっていたことはたしかです。このために、ユーロ圏全体を巻き込む危機が起きたのです。ギリシャは、とにかく自国の景気を悪化させる経済政策をおこない、賃金を下げることで、強引に労働コストを引き下げ、実質実効為替レートを急落させました。それが図表4-6の2011年以降のグラフにあらわれています。

これほど急激に実質実効為替レートを下げたことの代償として、ギリシャの2011年から3年間の経済成長率は、マイナス7・1%、マイナス7・0%、マイナス3・9%と、とてもひどい数字が並びました。2010年の経済成長率もマイナス4・9%で、リーマンショック直後の2009年もマイナス成長でしたから、そこから5年間で2割以上も経済が縮小してしまったことになります。ここまでしてもなお、2014年3月上旬までに合意するはずのギリシャへの融資に、IMFとEUが合意しませんでした。そのなかで、ギリシャに対して「まだ競争力を回復させるための経済改革が不十分だ」と指摘されていました。

国内でも「為替レート」は活用できる

ギリシャの悲劇の理由ははっきりとしていますし、ユーロ圏内のどこかの国の危機がこのあともくり返し起きそうなことも、専門家はみんな予想しています。ユーロで通貨を統一してしまったために、為替レートを変えて調整するというやり方が効かないことが、最大の問題です。ユーロによる通貨統合は、経済的には明らかに失敗だったようです。ただし、政治的な意図もあってのことですから、失敗と決めつけるわけにはいかないのでしょう。

唯一の解決策は、強すぎるドイツがユーロから離脱することだと筆者(吉本)は考えますが、これは現実的ではありません。なお、著名投資家のジョージ・ソロス氏も、ドイツがユーロから離脱するしかないと主張しています。ギリシャがなんとか競争力を回復させても、先ほどの図表4-6をみれば、フランスとドイツの間にも問題があることがわかります。いくつもの国がドイツに競争力で大きな差をつけられていて、だから、ドイツが離脱しないと根本的な問題は解決しない構造になってしまいました。

しかし、競争力を高めるために努力してきたドイツ側に、ユーロから出ていく理由はありません。おまけに、過去に戦争の火種となってきたドイツをユーロ圏内に封じ込めておけないなら、政治的にも失敗に終わります。

異なる地域の人たちがひとつの通貨を使うと、これだけ問題が深刻になるのだから、反対に、複数通貨導入のメリットはかなり大きいといえます。実際に、ギリシャとドイツの例で考えると、それぞれの通貨を前者用の「希ユーロ」と後者用の「独ユーロ」に分けて名目の為替レートが変動するようにすれば、ギリシャ経済の実態を反映して、希ユーロは独ユーロに対してかなり安くなるでしょう。日本でいえば円安が起きるのですから、ギリシャの輸出産業は競争力を回復します。

このように為替レートの調整で問題を解決できるのなら、ギリシャの景気はよくなります。ここが決定的なちがいで、共通通貨を維持したままの解決策は、ギリシャの景気をどんどん悪くするのに、複数通貨に分けての解決策は、景気にプラスに働くのです。

昔から、この論理はよく知られているために、日本国内でも複数通貨を使ったらどうか、と提言する専門家がときどきいます。考え方を図表4－7で説明しましょう。ある国の経済活動をAとBの2つに分けます。競争力に差がある2つのグループに分けるのであれば、地域で分けてもいいし、産業で分けてもいいでしょう。

同じ通貨を使っていても、労働コストなどが大幅に異なりますし、それは海外の競争相手も同じことです。そのため、Aの地域や産業では「為替レートが高すぎる」のに、Bでは「為替レー

図表4-7　複数通貨のメリット

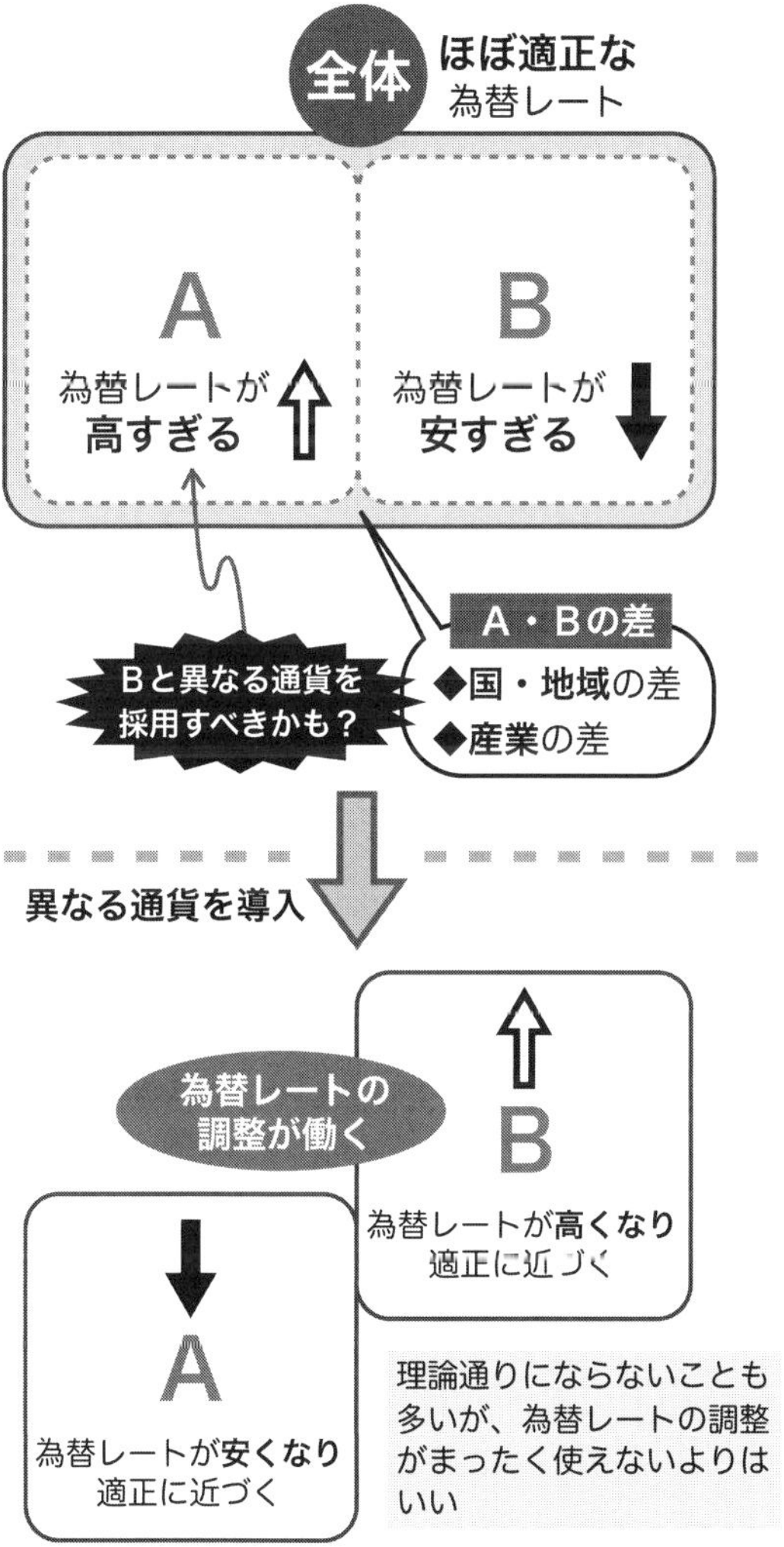

全体
ほぼ適正な
為替レート
A
為替レートが
高すぎる
B
為替レートが
安すぎる
A・Bの差
◆国・地域の差
◆産業の差
Bと異なる通貨を
採用すべきかも？
異なる通貨を導入
為替レートの
調整が働く
B
為替レートが高くなり
適正に近づく
A
為替レートが安くなり
適正に近づく
理論通りにならないことも
多いが、為替レートの調整
がまったく使えないよりは
いい

トが安すぎる」ことがよくあります。

話をわかりやすくするために、全体ではほぼ適正な為替レートになっているとしましょう。AとBの通貨を分けて、たとえば製造業の競争力が弱い都道府県と、競争力が強い都道府県で異なる通貨を使い、為替レートが別々に動くようにすれば、Aの為替レートは安くなり、Bの為替レートは高くなって、それぞれ適正な為替レートに近づく可能性があります。

為替レート変動は複雑ですから、実際には理論通りにならないことも多いのですが、共通通貨のために為替レートの調整機能がまったく使えない状態よりは、ずっとマシです。図表4-7では、わかりやすくするために、2つのグループにどう分けるかを、国などが決める前提で説明しました。実際に、もしどこか特定の地域の振興策としておこなうときには、中央政府か地方政府が決めるべきでしょう。

他方、産業別のようなことを考えるなら、複数の通貨のなかから自由に選択できるようにしたうえで、企業や個人に選んでもらうほうがいいでしょう。ハイエクの提言もそうでした。もっとも、そんなことをわざわざ決めなくても、ビットコインは取引コストが低いうえに匿名性があるので、国家が邪魔さえしなければ——あるいは邪魔をしても、ビットコインを選択する人や企業が増える可能性が十分にあります。

「悪貨は良貨を駆逐する」は本当か？

　ここまで、複数通貨による競争が、より優れた通貨を生き残らせる〝適者生存〟につながるとの前提で、複数通貨のメリットを説《と》いてきました。これに対し、「悪貨は良貨を駆逐する」というグレシャムの法則を引用して、不安を抱く人もいます。この問題については、ハイエクがきちんと答えていました。前提条件によって、まったく逆のことが起きる2つのケースに分けられるとの指摘です。

　金貨などの実物資産の通貨では、歴史的に、品質の異なる通貨が混在することがよくありました。品質がまったく異なる何世代か前の通貨と混在することも、同じ品質のはずが品質にばらつきがあることもふくめて、いろいろな意味で品質が不安定になりやすいのが、実物資産の通貨の特徴のひとつでした。相対的な「良貨・悪貨」があるとき、人々がどちらを使ってもかまわないと思うことは、おそらくありません。選べるのであれば、どちらを選ぶかははっきりしているはずです。

　もちろん、誰でも良貨を好むのですが、その結果、通貨として流通しやすくなるのはどちらかが問題です。良貨を使わずに保管する、あるいは溶かして地金《じがね》に戻したりする人が多いと、悪貨だけが流通します。これがグレシャムの法則が当てはまる状況ですが、これには前提条件があります。

良貨と悪貨の交換が完全に固定されたレートでおこなわれるときに、グレシャムの法則が成り立つのです。同じ評価になるのなら悪貨を使ったほうがいい、ということです。法的強制力をもたせて政府が無理やり固定レートで流通させようとすると、悪貨ばかりが流通するという話でもあります。

ところが前提条件を変えて、通貨間の交換レートが変動するなら、あるいは、悪貨には不利な交換レートが適用されると決まっていれば、まったく逆のことが起きやすくなります。価値がどんどん下がりそうな悪貨は、どうしても避けられやすくなるからです。これも合理的な行動です。そうして、悪貨が嫌われて駆逐される現象を、昔の日本では「撰銭《えりぜに》」と呼んでいました。

ここまでの話から、グレシャムの法則と撰銭のちがいを整理したのが図表4－8です。

現代的な通貨であれば、異なる通貨の交換レート（為替レート）は〝変動〟することが基本となります。第二次世界大戦後の国際通貨制度であったブレトンウッズ体制では、為替レートは固定相場制が採用されていましたが、実際の為替レートは日々変動していました。そのうえで、定められた狭い範囲に変動幅を抑えるように、各国が政策的に努力するという制度だったのです。規定の範囲内に収められない状態が続くようになると、ときには、基準となっている固定レー

図表4-8　悪貨は良貨を駆逐する？　しない？

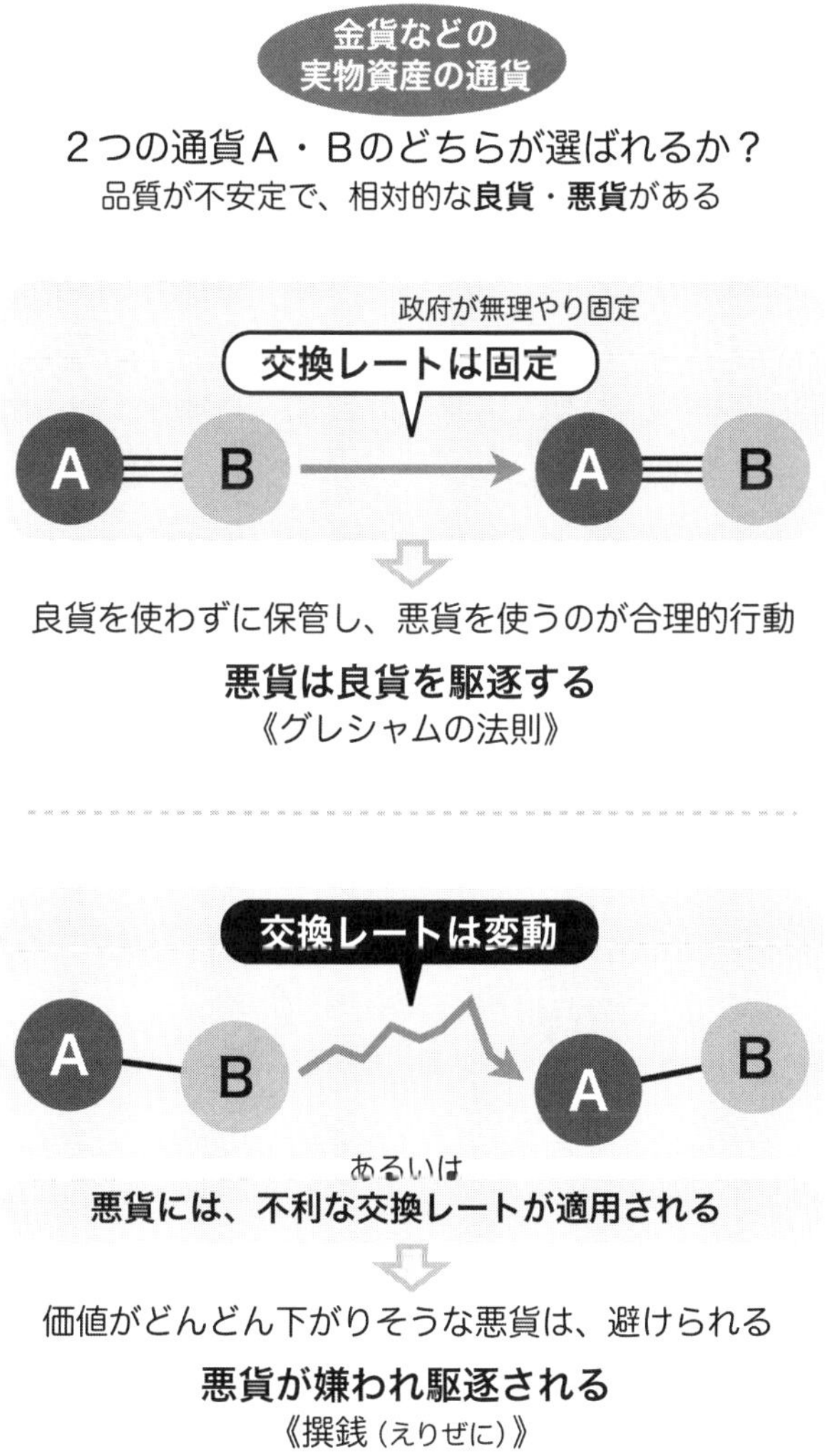
金貨などの
実物資産の通貨
２つの通貨Ａ・Ｂのどちらが選ばれるか？
品質が不安定で、相対的な良貨・悪貨がある
政府が無理やり固定
交換レートは固定
A
B
A
B
良貨を使わずに保管し、悪貨を使うのが合理的行動
悪貨は良貨を駆逐する
《グレシャムの法則》
交換レートは変動
A
B
A
B
あるいは
悪貨には、不利な交換レートが適用される
価値がどんどん下がりそうな悪貨は、避けられる
悪貨が嫌われ駆逐される
《撰銭（えりぜに）》

トのほうを変更しました。ニクソンショックによってブレトンウッズ体制が崩壊するまで、固定為替レートを1ドル＝360円で維持した日本は、むしろ例外的な存在でした。その日本も、ブレトンウッズ体制の崩壊後は、大幅な円高への調整を求められました。長期にわたって為替レートを固定することの弊害は、かなり大きいのです。

しかも、どこかの国が自国通貨の為替レートを実力以上に高く維持しているときには、投機の的《まと》にされやすいという問題があります。たとえば1997年のアジア通貨危機は、そうした投機で為替レートを暴落させられた国で危機が起きた、という解釈がなされています。投機の善悪は別にして、現代の経済社会では、グレシャムの法則ではなく、悪貨とみなされれば駆逐されてしまうという撰銭の原理が働きやすいといえます。

江戸期の日本は世界トップレベルの金融先進国だった

タイプが異なる複数通貨が併存し、交換レートが変動することでマクロ経済の調整ができていた事例として、日本の江戸時代があります。250年以上続いた江戸時代ですが、通貨や金融の大きな進化は、イギリスやオランダでの進化が激しかった時期——ニュートンが生きた前後の時期に、時を同じくして起きていました。

そもそも、イギリスが最初に東インド会社(まだ株式会社ではない)を設立したのが1600年で、日本では関ヶ原の戦いがあった年です。1602年に世界初の株式会社としてオランダ東インド会社が設立され、翌1603年に徳川家康が征夷大将軍になりました。また、江戸時代の金融イノベーションとしては、大坂の堂島での先物取引所が有名ですが、この設立に向けた動きはニュートンが生きていたころから始まっていて、ニュートンの死後3年の1730年に、堂島の取引所が設立されました。

日本史でみると江戸時代の前半に、日本の通貨・金融イノベーションが集中して起きていて、同時期にヨーロッパでも重要なイノベーションが起きたといえます。日本では中央銀行は生まれなかったようにみえますが、地方政府だった藩が米を裏づけにした米切手を発行し、借金のために藩札《はんさつ》も発行しました。最初に藩札を発行したのは、1661年の福井藩でした。

米切手は実物資産の裏づけがある通貨、藩札は地方政府の借金を裏づけにした地域通貨として流通していて、ともに藩が発行したのですから、中央銀行らしい機能を、藩が果たしていたといえます。ただし「地方政府の銀行」としてです。

それとは対照的に、現在の日本銀行は「中央政府の銀行」でしかなく、日本国の預金は預かりますが、地方自治体の預金は預かりません。このことが、リーマンショックの際にたくさんの地方自治体が巨額損失を被った原因のひとつとなりました。

江戸時代に話を戻すと、政府（幕府と藩）が財政赤字を膨らませながら、その対策のために、必要に迫られて通貨のイノベーションを起こしていたといえます。そのなかで、のちに銀行となる両替商も誕生しました。証券取引所が堂島にできたうえに、デリバティブ取引がおこなわれていました。ちなみに、デリバティブ取引などでの米相場の情報は、数時間で九州まで伝わっていました。あちこちの山頂に人を配置し、手旗信号で伝えるなどの（インターネットを連想させる）方法で、金融情報の入手をしていたからです。金融技術の発達と情報技術が結びつきやすいことがよくわかる話です。

江戸時代に通貨として機能した実物資産として「米」があり、金融資産として「米切手」と「藩札」があります。米切手では、いまでいうスポット（現物、直物）取引の「正米取引《しょうまいとりひき》」と、先物取引の「帳合米取引《ちょうあいまいとりひき》」がおこなわれていました。これらに加えて、通常の通貨として「金、銀、銅」の3種類の金属通貨が流通していたのです。

本当に多様な通貨が併存して、交換レートは変動していましたし、金融（銀行）業も金融市場も金融技術も発達し、幕府も金貨の改鋳などのいろいろな金融政策をおこなっていました。また、預金ネットワークを使った送金と同じ「為替」のしくみは、日本では鎌倉時代から存在しており、江戸時代には各種の手形を使う近代的な金融システムとして整備されました。

江戸時代の半ばには、現代の制度にさほど劣らない通貨・金融制度になっていたといえます。

当時の日本は、おそらく世界トップレベルの金融先進国でした。その後、日本がこの分野で世界に遅れてしまったのは、明治維新の動きのなかで、経済システムの中心地を大坂から東京に移すという政治的な配慮が強すぎたためだと思われます。

ビットコインの参考になる江戸期の銀貨

江戸時代の3種類の金属通貨は、ややこしい関係にありました。黄金色の小判は金貨とされていますが、一部（初期の小判では約15%）が銀でした。ハイブリッド型の金属通貨だったわけですが、それでも、本書では金貨と呼ぶことにします。金貨と銀貨には基本性質のちがいがあり、金貨は、小判1枚で1両の価値をもち、小判が5枚あれば5両と数えられました。これを「計数貨幣」と呼びます。銅貨も「計数貨幣」でした。

他方、江戸時代で主に通用した銀貨は、丁銀《ちょうぎん》や豆板銀《まめいたぎん》と呼ばれ、不揃いな大きさをしていました。重さに応じて価値が決まる「秤量《しょうりょう》貨幣」だったのです。このタイプの通貨の特徴として、たとえば100の価値をもつ銀貨を4対1の重さに切り分けると、大きいほうが80の価値を、小さいほうが20の価値をもつ銀貨として通用した、という点があります。銀貨を切り分けて使うことを「切遣《きりづか》い」と呼びます。ただし、切遣いは主に江戸時代以前のことで、江戸時代に入ると切遣いはおこなわれなくなりました。

しかも、江戸時代の金・銀・銅貨は、地域別通貨としての性質をもっていましたが、完全に地域別だったわけではなく、業種別通貨でもありました。まず、江戸（東日本）では主に金貨が使われ、大坂（西日本）では主に銀貨が使われました。銅貨は少額の取引に使われるものでした。モノの種類に応じた使い分けもあり、江戸でも、モノによっては銀貨や銅貨で価格が決められていました。

金・銀・銅貨を交換するときの相場（交換レート）については、江戸幕府が決めた公定相場がありました。1609年に決められた公定相場は、金1両（小判1枚）＝銀50匁《もんめ》（187・5グラム）＝銅4000文《もん》（1文銭4000枚）です。「匁」は重さの単位で、1匁＝3・75グラムです。

ブレトンウッズ体制下の固定相場制と同じで、現実の金・銀・銅貨の交換相場は、公定相場から乖離《かいり》して日々変動しました。そして、基準にしていた相場そのものの変更があったりする点も同じで、1700年には公定相場が、金1両＝銀60匁（225グラム）、銅4000文に変更されました。ここまでの内容をまとめたのが図表4－9です。

じつは、為替レートの固定相場制と変動相場制の区別はあいまいなことも多いのです。表面上は完全な変動相場制の場合でも、実態としては政府がほぼ固定相場を維持しているケースもあり

図表4-9　江戸時代の金・銀・銅貨

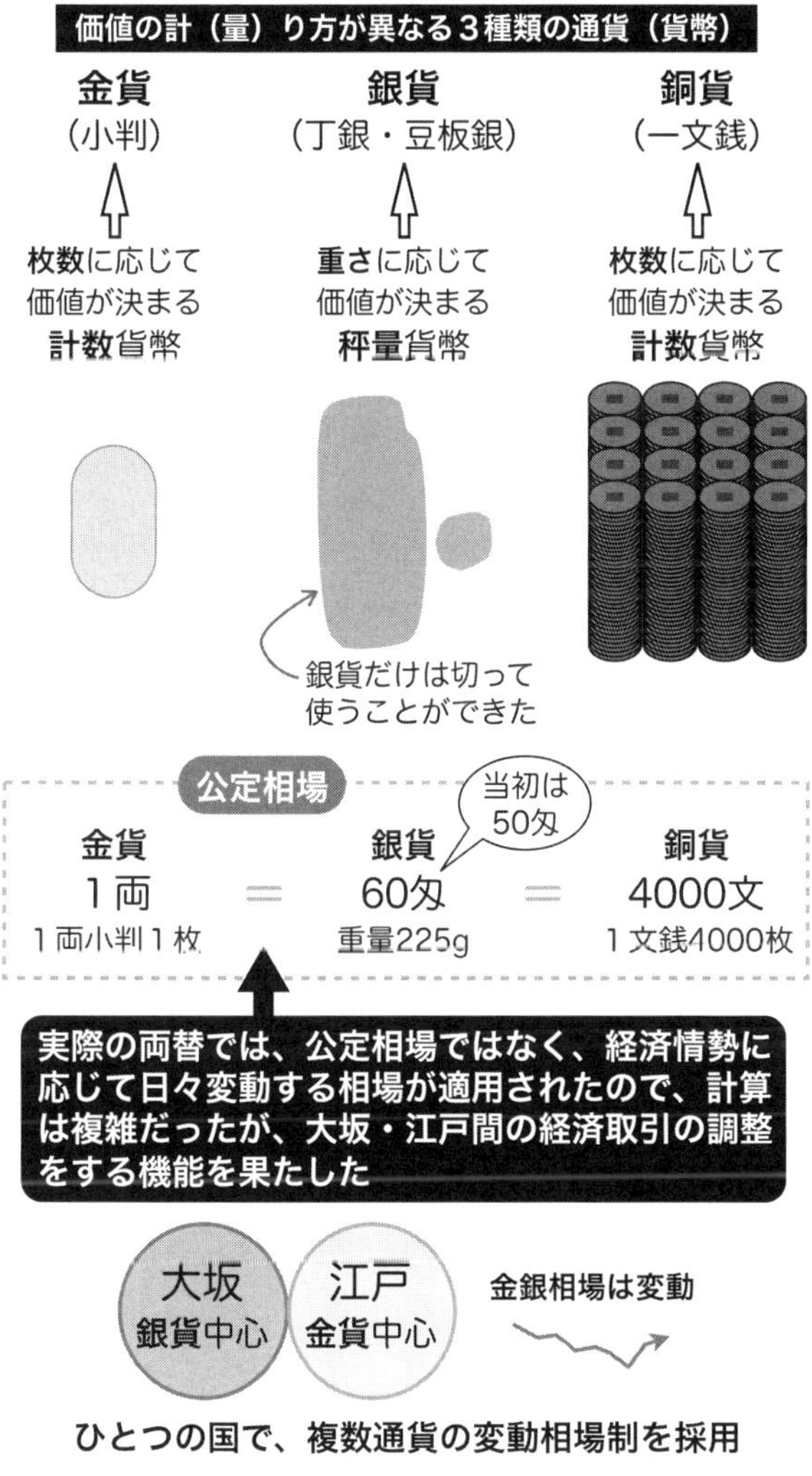
価値の計（量）り方が異なる３種類の通貨（貨幣）
金貨
（小判）
枚数に応じて
価値が決まる
計数貨幣
銀貨
（丁銀・豆板銀）
重さに応じて
価値が決まる
秤量貨幣
銅貨
（一文銭）
枚数に応じて
価値が決まる
計数貨幣
銀貨だけは切って
使うことができた
公定相場
金貨
1両
1両小判1枚
＝
銀貨
60匁
重量225g
当初は
50匁
＝
銅貨
4000文
1文銭4000枚
実際の両替では、公定相場ではなく、経済情勢に応じて日々変動する相場が適用されたので、計算は複雑だったが、大坂・江戸間の経済取引の調整をする機能を果たした
大坂
銀貨中心
江戸
金貨中心
金銀相場は変動
ひとつの国で、複数通貨の変動相場制を採用

ます。他方で、固定相場制でも需要と供給に応じた為替レート変動があるのがふつうで、政府（財務省・中央銀行など）がその変動幅を一定範囲内に収めようとするというだけです。許容する幅が狭い固定相場制も、幅が広い固定相場制もあります。

江戸と大坂の〝外国為替〟

江戸時代の金・銀・銅貨の交換相場（為替レート）は、一応の公定相場がありましたから、固定相場制の側面もありましたが、変動相場制としての性質が強かったと思われます。江戸の金貨と大坂の銀貨の間の相場変動が、江戸と大坂のマクロ経済の不均衡を調整する機能を果たしていたからです。

江戸時代に江戸と大坂の間でカネを送金すると、原則として、金貨と銀貨を交換することが必要になりました。つまり、国内決済の主要な部分が〝外国為替〟だったのです。金・銀貨に加えて銅貨も混合して使用されていたため、金・銀・銅貨を鑑定して両替（交換）する「両替商」が誕生し、江戸と大坂の間の外国為替業務（送金・両替）を担いました。

江戸には、約50万の町人と約50万の武士が生活しており、人口100万人の巨大都市を形成していました。武士は基本的にモノを生産しませんから、武士が人口の半分を占める江戸は、生産されるモノよりも多くのモノを消費する巨大消費都市であり、江戸の消費を支えるために、日本各地から江戸に大量のモノが流入しました。

「天下の台所」と呼ばれた大坂では、日本各地のモノが集まって取引され、各地から大坂経由で江戸に流入するモノも多くありました。江戸の人たちは大坂から大量にモノを輸入して、消費生活をしていたわけです。モノの輸入代金の支払を考えると、江戸から大坂に巨額のカネが移動する必要があったことになります。

他方、江戸には各藩の江戸藩邸に住む武士もたくさんいて、武士たちは江戸幕府や各藩から給料をもらって消費活動をしていました。江戸幕府や各藩は、年貢米や領内の特産物などを売却することで、江戸に住む武士に給料を支払ったのでした。典型的なやり方としては、米や特産物を大坂に集めて大坂で売り、代金を大坂から江戸に送ったうえで、武士に支払いました。

つまり、江戸と大坂の間では、2つの大きなカネの流れがあったことになります。江戸の側からみて、前者の「大坂に支払う輸入代金（カネの流出）」と後者の「大坂から受け取る給料（カネの流入）」は、かなりの部分が相殺されました。というより、両者が相殺されるように、金・銀貨の為替レートが調整する機能を果たしていたのです。

たとえば、江戸の武士たちの消費が急に増えて、相殺されない部分が大きくなり、江戸から大坂に大量のカネを送ることになったとしましょう。江戸の貨幣である金貨を大坂の貨幣である銀貨に替える必要がありますから、両替の市場（いまでいう外国為替市場）では、金貨が売られて銀貨が買われ、金貨が安くなり、銀貨が高くなります。

江戸の通貨である金貨が銀貨に対して安くなる一方で、消費するモノの多くは銀貨で価格が決まる大坂から輸入されてきます。江戸の人たちにとっては、いまでいう円安が起きるわけで、大坂から輸入するモノの江戸での価格が値上がりし、江戸の武士たちの消費が抑制されます。これで、江戸から大坂に送るカネが減り、江戸と大坂の間のカネのやりとりは大部分が相殺される状態に戻ります。

このようなメカニズムが働くことで、江戸と大坂の間でマクロ経済の不均衡が生じても、それを調整していたのです。

優れた通貨制度を崩壊させた致命傷とは？

そもそも、当時としては世界有数の巨大都市だった江戸は、住人のおよそ半分が生産活動にさほど貢献しない公務員（武士）で、いびつな経済構造だったといえます。……通貨危機に陥ったギリシャに対して、公務員が多すぎるとの批判があったことを思い出します。江戸時代の日本では、貨幣経済が浸透したなかでかなり自由な経済取引がおこなわれ、幕府も藩も財政赤字の累積に苦しむ一方で、巨大消費都市としての江戸はどんどん発展しました。

ではなぜ、江戸の都市経済は危機に陥らなかったのでしょうか。いちばん大きな要因は、複数通貨による変動相場制にあります。これが、共通通貨ユーロの下で危機に陥ったギリシャとは、大きく異なるポイントです。

他方で、江戸幕府が倒れた経済的原因として、幕末の急激なインフレ（物価上昇）がありました。その原因のひとつが、幕府の通貨政策（いまでいえば中央銀行の金融政策）でした。幕府が通貨制度を利用して借金返済をしようとするなかで、計数貨幣としての銀貨をつくり、銀貨の価値を過大評価させて流通させたため、逆に金貨の価値を著しく過小評価する通貨体系になっていました。

その後、開国を余儀なくされて、アメリカと1858年に締結した日米修好通商条約の第5条に「外国と日本の同種類の貨幣は同重量で交換する」といった内容があったため、日本国内で過小評価されていた金貨が流出し、代わりに、過大評価されていた銀貨が流入しました。

金貨がどんどん海外に流出して巨額損失を被ったのですが、これを食い止めるために、幕府は小判の金含有量を大幅に引き下げる悪鋳《あくちゅう》をおこないました。これが激しいインフレを招き、国民の暮らしが悪化しました。そして幕府は消滅し、幕府発行の国家通貨も運命を共にしたわけです。

優れた通貨制度を自ら壊し、国家通貨の命を絶ったのは、放漫財政によって積み重なった幕府の借金を、通貨制度の悪用で処理しようとした幕府自身でした。たいていの場合、通貨の価値にとっていちばん危険な存在は、政府（中央銀行、政治家、官僚）そのものです。

江戸時代の「国内にタイプが異なる複数通貨が併存して為替レートが変動する通貨制度」は、きわめて優れた通貨制度でした。唯一の、そして最後には致命傷となった欠点は、政府（幕府）が金・銀貨の裏づけとなる価値や、通貨制度そのものを変更できたことです。

こうして過去の歴史をふり返ると、「通貨制度をいかに国家財政破綻の道連れにしないか」が国家通貨の根本課題だとわかります。しかし、すでに述べたように、結局は国家組織である中央銀行に独占的な通貨発行権を与えれば、国家財政破綻の道連れになるしかないのです。それどころか、財政が苦しくなった国家が通貨制度に関与できたがゆえに、江戸幕府は自らの首を絞めてしまったのでした。

新保教授の「政治家が通貨を堕落させてしまう。国の関与は信用の糧にならない」という言葉を思い出してください。そして、ビットコインの登場が通貨の競争を通じて国家通貨をも健全化する効果に期待する新保教授は、一方で「ビットコインに国が関わるようになったら、ビットコインがダメになる」と主張していました。

暗号通貨の〝突然死リスク〟を軽減する方法

では、ビットコインのような暗号通貨が発展する条件はなんでしょうか。通貨は、信用が一度完全に失われてしまうと、突然死します。国がそれを防げないなら、〝多様化〟でリスクを減らすことが基本となります。また、通貨の機能を補うものは〝金融〟です。これらの原則にしたがって筆者（吉本）が思い描いた「暗号通貨の理想的な発展パターン」のひとつは、図表4－10のようなものです。

図中のAからFまでのような複数の類似した暗号通貨が併存し、暗号通貨のなかでも競う——実際にある金融市場でいえば、〝国債市場〟に近いかたちをイメージしています。金融市場としての機能がもっとも発達し、だからこそ、投機の腕を競うトレーダー（ディーラー）にとって最高峰の金融市場とされるのが、国債市場です。

国債市場では、毎月のように国債が発行されます。先月発行された国債と今月発行された国債はよく似ていますが、償還期限などが異なります（といってもたった1ヵ月の差です）から、少しずつ異なる資産が何種類も投機的に取引されることになります。すると、お互いに連動しながらの値動きになります。価格を連動させる「裁定取引」がおこなわれるからです。

図表4-10　理想的な発展パターンのひとつ

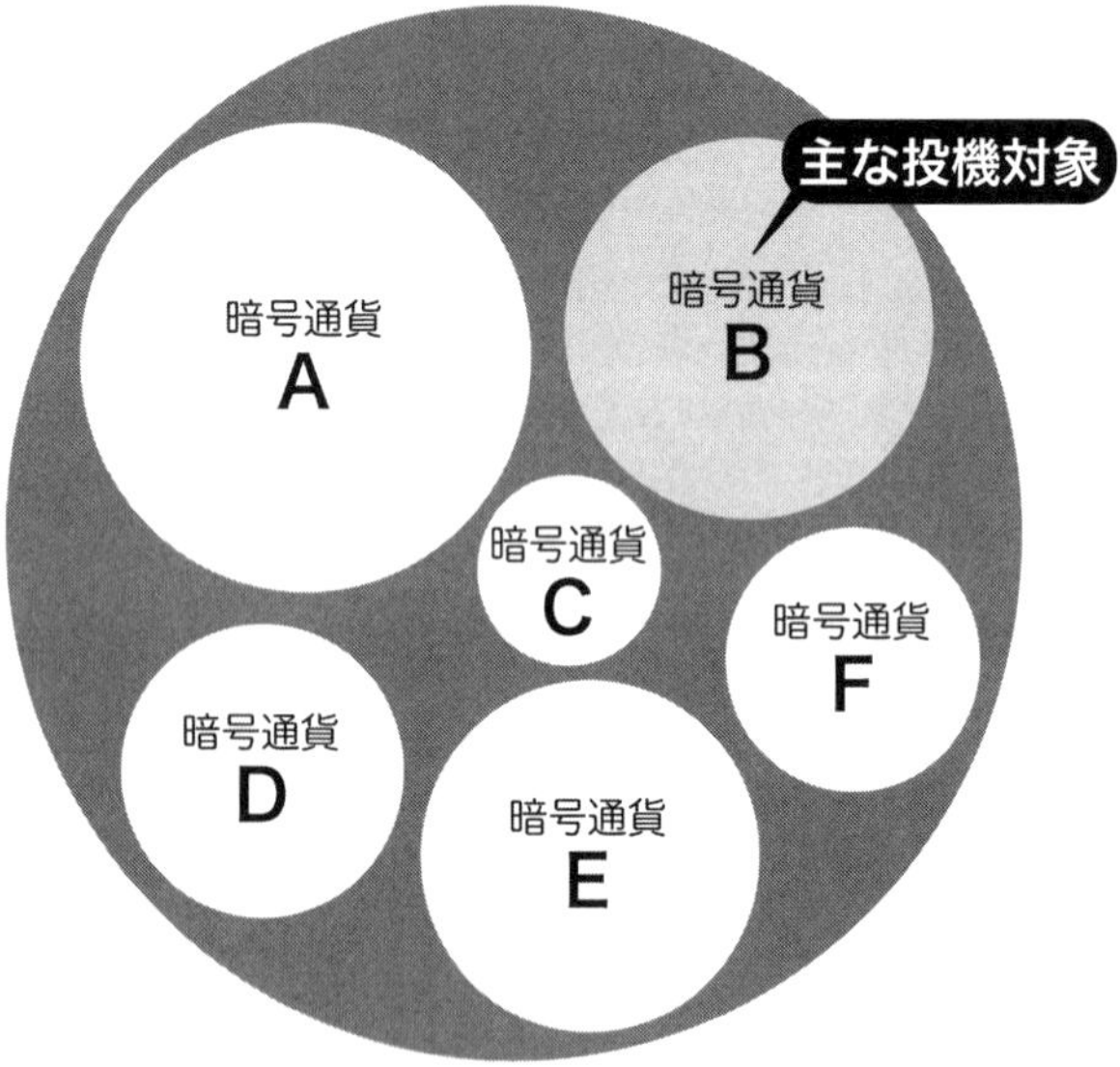

投機が多く流動性が高い暗号通貨Bを中心に、裁定取引がおこなわれ、問題が起きた通貨以外は、ほぼ連動して価格が動く

＋

先物などのデリバティブ取引

①リスクヘッジ（リスクを避ける取引）に使うため
②流動性を高めるため

↓

ただし、デリバティブは危機を大きくする危険性がある

金融市場について考えるときに、とりわけ重要な概念がこの裁定取引ですので、少し解説します。基本は、AとBがじつはまったく同じ金融資産なら、同じ時点では同じ価格になるという、単純な話です。たとえば、同じ日の同じ時刻に、東京市場では1ドル＝102円で米ドルが取引されているのに、シンガポール市場では1ドル＝104円で取引されているなんてことは、ありえません。

もしそのような差があったなら、東京で102円で米ドルを買い、同時にシンガポールで104円で売ることで、1ドルにつき2円が確実に儲かります。この取引を100億ドルおこなえば、なんのリスクも負わずに200億円儲かるのですから、みんなが一斉にそうするはずです。すると、大量に米ドルが買われた東京市場では、米ドル高（円安）が、大量に米ドルが売られたシンガポール市場では、米ドル安（円高）が起きて、一瞬のうちに、どちらの市場でも1ドル＝103円になるでしょう。

現実には、裁定取引がおこなわれるはずだとみんなが信じていさえすれば、裁定取引はおこなわれなくても価格は連動します。このパターンのほうがふつうです。

国債市場での裁定

2つの金融資産がまったく同じでなくても、よく似ていれば、裁定取引がおこなわれます。現実には、まったく同じケースより、よく似ている（しかし完全に同一ではない）ケースのほうが、裁定取引は活発になったりします。国債市場での例を図表4-11で考えましょう。わかりやすくするために、極端な差がある設定で説明しますが、現実にはわずかな差に反応して裁定取引がおこなわれます。

ある年の4月に、年6％の金利がつく10年物長期国債が発行されたとします。その直後に金融市場の状況が激変し、翌5月には、年4％の金利がつく10年物長期国債が発行されました。10年の資産運用ができる国債で、償還がたった1ヵ月異なるだけなのに、金利が年2％も異なります。

実際の金利は半年に1回支払われますので、電子化される前の紙の国債には、10年で20回分のクーポンが国債についていました。額面価格が100円の国債を前提にすると、年6％の金利なら1枚3円（100円の年6％の半年分）、年4％の金利なら1枚2円のクーポンが20枚ついていたのです。

図表4-11　似た２つの国債の間の裁定取引

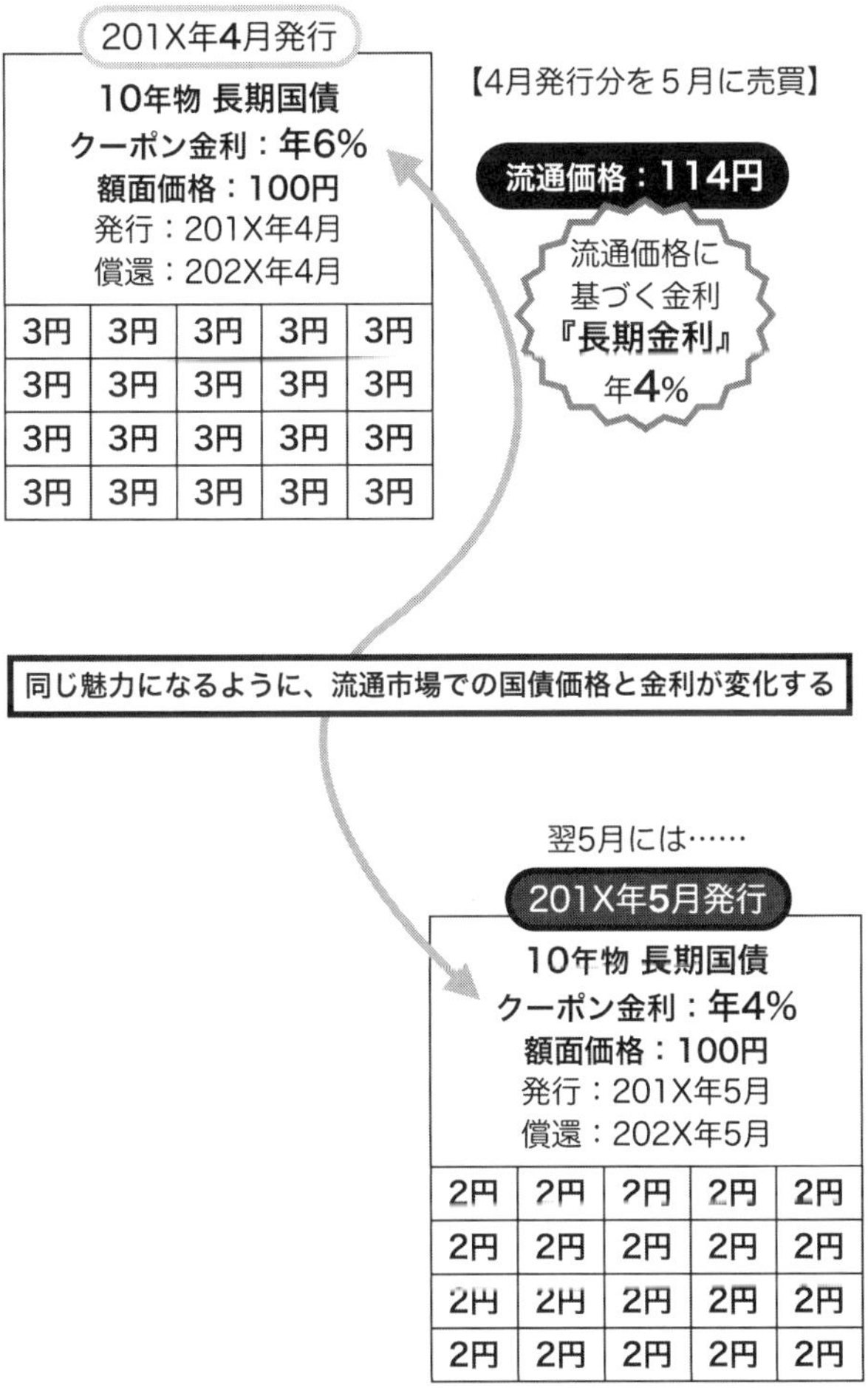

５月の国債が発行されたとき、４月の国債はずっと有利な国債となりましたので、みんながそちらを売買するときには、額面価格１００円のものをもっと高く買います。そして１１４円まで値上がりしたところで、５月の国債とほぼ同じ魅力になります。

１１４円で買って、10年後に１００円で償還されますから、この部分では14円の損失があります。１年につき１・４円の損失で、他方で１年に６円のクーポン金利がつきますから、差し引きで４・６円の金利がつくと考えていいでしょう。流通価格が１１４円の国債を買ったのですから、１１４円に対する４・６円が何％かを計算すると、年４％になり、５月の国債とほぼ同じ魅力になりました。

こうした裁定取引がたくさんの種類の国債の間でおこなわれ、全体的に流通価格や金利が連動しますから、将来の値上がりで儲けようと投機（投機は裁定とは異なります）をする人たちは、どの国債を売買しても大差はないと考えます。流動性が高いほうが投機をしやすいので、どれかひとつの国債がなんとなく選ばれて、そればかりが投機対象になります。

234ページの図表４‐10に話を戻すと、類似の暗号通貨がいくつも存在したときに、主な投機対象になって日々の売買量（金額）が膨らむのはどれかひとつで、他はそれに連動しながらも投機対象にはならないというパターンが予想されます。そのうえで、投機対象の暗号通貨がもし消えれば、他の暗号通貨が代わりの投機対象になるでしょう。

これなら、ひとつの仮想通貨が突然死しても、ダメージを軽減できます。さらに、もうひとつの大きなメリットがあります。

じつは、ビットコインへの期待が高まってどんどん成長した場合に、懸念されることがあります。投機的な人気だけでほとんどのビットコインが長期保有されてしまうと、決済に使いたい人が入手しにくくなるという懸念です。これは通貨の根本問題のひとつといえます。

しかし、いくつもの類似した暗号通貨が裁定取引によって連動しながら存在すれば、投機対象は自然にどれかひとつに集約されますから、他の暗号通貨はさほど投機対象にならず、通常の決済取引に使いやすいはずです。

マイニングの妙

複数の暗号通貨が連動しながら競争するようになると、おそらく、ビットコインは上限までマイニングされずに、しかし、ゆっくりとマイニングが続く状態になると予想されます。〝マイニングについての裁定〟がおこなわれるようになるからです。

ビットコインのマイニングはどんどんむずかしくなる一方で、新しい暗号通貨のマイニングはまだそれほどたいへんではなく、新しい暗号通貨の価値が高まってきたとなれば、多くの人が後者のマイニングにシフトします。これが、マイニングについての裁定です。

ただし、みんながマイニングを競うようになった暗号通貨は、マイニングがむずかしくなっていきますから、ビットコインのマイニングのほうが相対的に儲かる状況に戻ることも、十分にありそうです。いくつもの入り口があるテーマパークの行列にたくさんの人が並ぶとき、どこかの行列が長くなりすぎると、他の入り口に並ぶ人が増え、しかし長すぎた行列が短くなると、また新しく並ぶ人が来るのと同じ感覚です。

もし、暗号通貨の需要は伸びているのに、有力な暗号通貨がどれもマイニングがむずかしい状況になれば、新しい暗号通貨が急成長するチャンスです。いまのビットコインの第二世代を、新たにスタートさせてもいいでしょう。

もちろん、新しい暗号通貨はマイニングしやすい一方で価値はまだ低く、そのあとに価値が上がるかどうかもわかりませんから、受け取ってくれる人がみつけにくいはずです。そのリスクを織り込んだレートでビットコインなどと交換してから、決済などに使うしかないでしょう。したがって、十分に成長してマイニングがむずかしくなったビットコインは、マイニングのペースがゆっくりになりながら、それでも使われ続けそうです。

現実には、もっと複雑なメカニズムが働きます。そこで、2つの暗号通貨の間でどのように〝マイニングでの裁定〟がおこなわれそうかを、もう少しくわしく解説しましょう。まず、通貨

図表4-12　通貨量の増加率と価値の変動

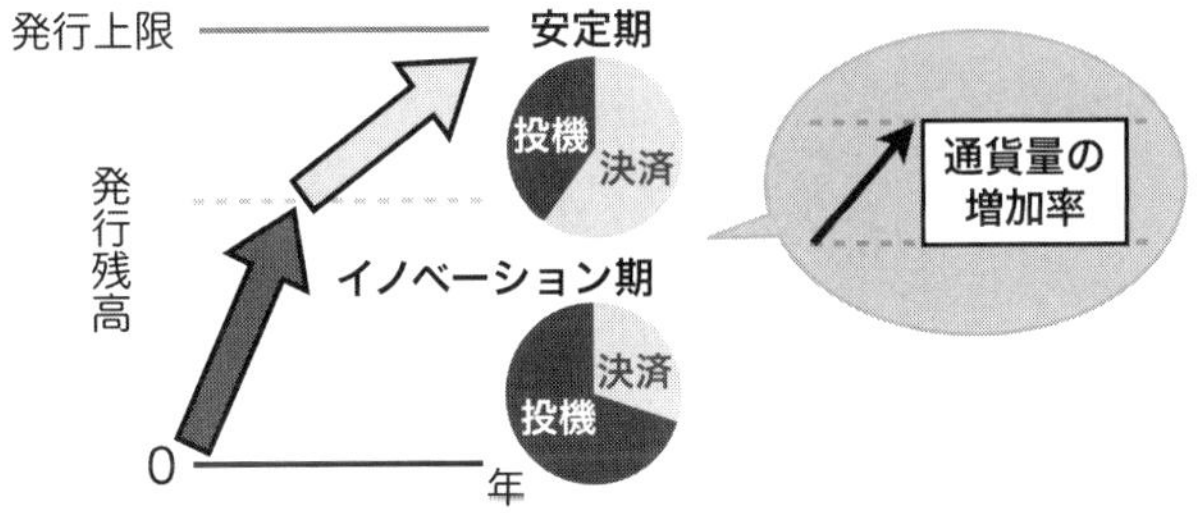

◆「安定期」での基本原理

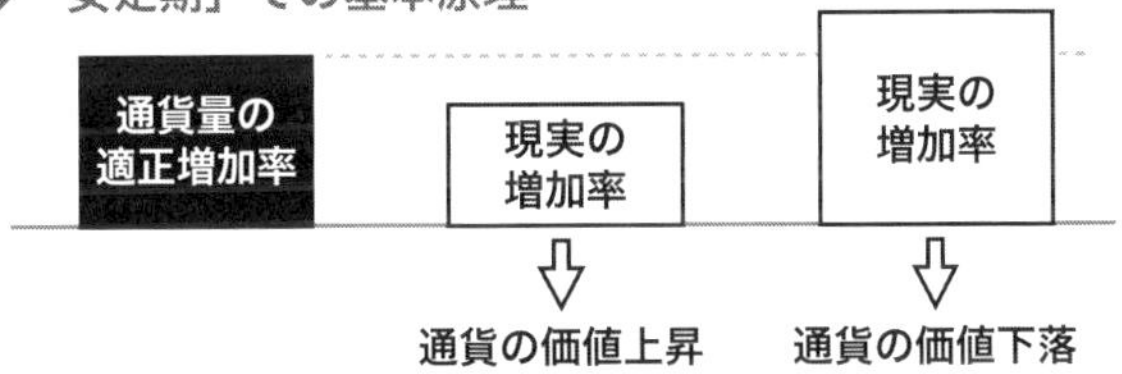

量の増加率がその通貨の価値にどんな影響を与えるかを、ビットコインのように革新的な通貨について、簡単に説明します。

図表4－12の左上に示したように、革新的な通貨が発行残高を増やすプロセスを「イノベーション期」と「安定期」に分けて考えます。これはかなり荒っぽい区分ですから、現実にはもっと複雑なプロセスになると思われます。通貨保有の目的を「決済」と「投機」に分けて、新型通貨の革新性に注目した投機が主導して成長するのがイノベーション期で、暗号通貨ビットコインは、2014年春の時点ではまだこのイノベーション期にあったとみていいでしょう。

イノベーション期には、通貨量（発行残

高）がもし急激に増えても、旺盛な投機がこれを吸収し、通貨の価値は下がらない可能性が十分にあります。むしろ、通貨量の急増がバブルのような現象とともに起きて、価値も高騰しながら急成長が達成される可能性もあります。

他方で、決済に使う目的での保有がシェアを高めて、通貨量の増加率が安定してくるのが安定期です。この時期になると、通貨量の増加率が〝適正〟かどうかが、通貨の価値に大きな影響を与えるようになります。たとえば、その通貨を決済に使う経済活動の伸びから計算して、通貨量の適正増加率が年5％だとします。現実の増加率がそれより低い年4％なら、通貨の希少性が増しますから、基本原理としては、通貨の価値が上昇します。

逆に、現実の通貨の増加率が適正とされる年5％より高く、たとえば年7％なら、通貨の価値が下落すると考えられます。供給量が少なすぎると価値は上がり、供給量が増えすぎると価値は下がるというのが、経済の基本原理だからです（図表4－12）。ただし、なんらかのバブルが起きているような場合には、基本原理の通りになりにくいので、イノベーション期と安定期を分けて論じているのです。

マイニングの難易度がポイント

ここからは想像の世界になりますが、しばらくして暗号通貨が安定期に入り、主に2つの暗号通貨が使われているとしましょう。マイニングがかなり進んで主流になった暗号通貨が8割のシェアを占め、まだあまりマイニングが進んでいないライバル通貨が残り2割のシェアを有しています(図表4-13)。

このとき、2つの暗号通貨に同じ利便性があるとすると、一方だけがマイニングされて、他方はマイニングされないという状況にはなりにくいと考えられます。〝裁定〟が働くからです。

仮に、両通貨の為替(交換)レートが1対100で、主流通貨1単位とライバル通貨100単位が同じ価値であるとしましょう。国家通貨のどれか(たとえば米ドル)で計った価格が同じという意味でもあります。そして、図表4-13の中央にあるように、主流通貨のマイニングがコスト(厳密にいえば限界コスト)の割にはシニョリッジが得られない状態にある一方、ライバル通貨のマイニングなら、コストの割にシニョリッジが大きいとしたらどうでしょうか。

当然ながら、ライバル通貨だけが大量にマイニングされ、主流通貨はマイニングされないでしょう。こうして通貨量の増加率に差がつくと、増加しない主流通貨は米ドルでの価格が少し高くなります(①)。大量にマイニングされて通貨量が増加したライバル通貨は、米ドルでの価格が大幅に安くなり、したがって、主流通貨との間の為替レートも大幅に安くなります(②)。

さらに、ライバル通貨のマイニングのコストが高くなります(③)。この効果はさほど大きく

図表4-13　２つの暗号通貨の間の裁定取引

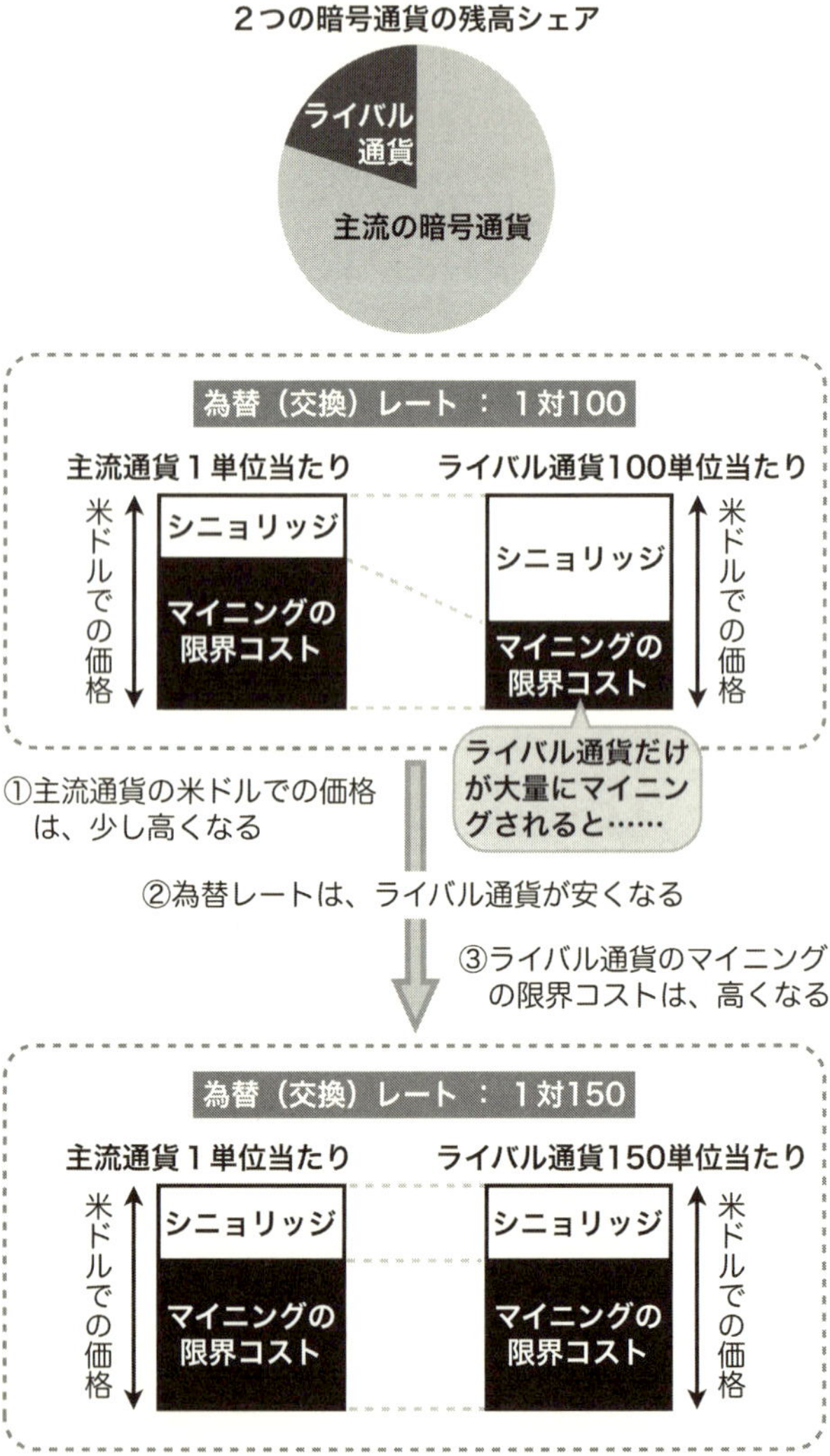
２つの暗号通貨の残高シェア
ライバル通貨
主流の暗号通貨
為替（交換）レート：１対100
主流通貨１単位当たり
ライバル通貨100単位当たり
米ドルでの価格
シニョリッジ
マイニングの限界コスト
シニョリッジ
マイニングの限界コスト
米ドルでの価格
ライバル通貨だけが大量にマイニングされると……
①主流通貨の米ドルでの価格は、少し高くなる
②為替レートは、ライバル通貨が安くなる
③ライバル通貨のマイニングの限界コストは、高くなる
為替（交換）レート：１対150
主流通貨１単位当たり
ライバル通貨150単位当たり
米ドルでの価格
シニョリッジ
マイニングの限界コスト
シニョリッジ
マイニングの限界コスト
米ドルでの価格

ないとしても、先の②の効果が大きく効き、米ドルでみたマイニングのコストが上がり、シニョリッジはかなり小さくなります。これらの効果で、やがて図表4－13の下側のように、2つの暗号通貨のマイニングコストとシニョリッジの比率は同じになります。

こうした裁定がきちんと働いていれば、そもそも図表4－13の中央にあったような関係にはならず、暗号通貨の間でマイニングコストとシニョリッジの比率はおおむね等しくなります。大幅な差が生じたときには、その差が十分に縮むまで裁定が働くからです。そして、マイニングしやすい暗号通貨が大量にマイニングされながらも、発行残高が積み上がったことでマイニングコストが高まってしまった暗号通貨も、裁定によってマイニングの魅力が回復し、少しずつマイニングが続くと思われます。

こうした競争と裁定がうまく機能しそうにみえるのは、「マイニングの難易度が上がり続ける」という性質があるからです。このしくみは、本当に巧みだと感じます。

自己責任の通貨であることのメリット

ただし、ビットコインのような暗号通貨がいくつも競うなかで、なにが起こるのかは、いまのところ予測不可能な部分がたくさんあります。第一に、有力な国家通貨をもつ国の中央銀行が金融政策をどう運営していくのか。第二に、暗号通貨の世代交代のようなものがどうおこなわれるのか、あるいはおこなわれないのか。第三に、大きく成長した暗号通貨で混乱が生じたとき、すべて自己責任として放置するのか、なんらかの政策対応をするのか。

経済学者のなかの金融の専門家をふくめて、いろいろな専門家がこうしたテーマで研究をして、将来に備えてくれることを期待します。柔軟な思考能力をもった若い研究者が、現実をよく知る人たちにアドバイスを求めながら、研究を発展させてくれるといいのですが……。なお、政府に頼らずに勝手にやっているビットコインで、大きな危機が起きても、無視して放置すればいいと考える人もいるでしょうから、この点について少し述べておきます。

金融工学の研究でノーベル経済学賞を受賞した学者もメンバーに入り、〝ウォール街のドリームチーム〟といわれたヘッジファンドのLTCMが破綻したときに、同じことが問題になりました。また、サブプライムローン問題が表面化し、複雑怪奇なデリバティブ商品を開発・保有していた金融機関（投資銀行や保険会社など）が危機に陥ったときにも、政府が救済するかどうかが問題になりました。

古くから、ブラジル、アルゼンチン、タイ、インドネシア、韓国、ロシア、ギリシャなどを襲ってきた国家の通貨危機でも、これをどう救済するのか、つぎに同じようなことが起きたときには、そもそも救済すべきかどうかが議論されてきています。〝自己責任〟の一言《ひとこと》で放置できればいいのですが、住宅密集地で起きた「火事」と同じで、放置すると被害が拡大するために、放置できないことがふつうです。

危機を引き起こした主犯に対しても、厳しい処分をすることはむずかしく、たいていは「世界経済への影響を考えれば、ある程度は救済しなければならない」という話になって、〝盗人《ぬすっと》に追《お》い銭《せん》〟のかたちで資金援助をすることが多いのです。そうして救ってもらいながらも、当事者となった金融機関や個人や国家(政府や国民)はまったく反省せず、ときには逆恨みをするといった経緯を、覚えている読者もいるでしょう。

ビットコインのような暗号通貨についても、その成長を前提としたいろいろな研究が求められるのは、こうした事情があるからです。もっとも、ここに挙げた金融危機のほとんどでは、最初から自己責任を強調しておき、実際に救済をしないという姿勢を徹底することが、じつは理想的な解決方法です。

しかし、過去に安易に救済してしまった経緯があるために、当事者が救済を期待して過大なリスクを安易に負いやすい傾向にあります。その結果、さらなる危機を起こしやすく、かつ、起きたときの危機を大きくしやすく、だからまた救済してしまう、という悪循環に陥っています。この点でビットコインは、最初から自己責任が強調されていますし、マウントゴックスの破綻とともに認知度が上がったことは、不幸中の幸いだったのかもしれません。

デリバティブは導入されるか？

さて、ここまでは〝多様性〟による解決策を説明しました。もうひとつ、通貨を補完する基本手法である〝金融〟を利用することも考えられます。それには、銀行がビットコインのような暗号通貨の「預金」を受け入れてくれれば簡単なのですが、これは可能性が低いでしょう（2014年3月に、日本政府はこれを認めない方針を発表しました）。

筆者（吉本）もふくめて銀行実務の経験がある金融の専門家がそろって注目するのは、「先物取引などのデリバティブ取引」の導入です。金や原油などの実物資産は、原則として預金の形態にはならないものの、デリバティブ取引は大々的におこなわれています。江戸時代の米も、堂島で先物取引がおこなわれていたことをご紹介しました。ビットコインのような暗号通貨でもデリバティブ取引が登場するのではないかと思うのは、当然の予想といえます。

日本では、メガバンクや大手証券会社などが、顧客を騙《だま》してぼったくる道具としてデリバティブ取引を悪用していて、それを日本政府は放置しています。リーマンショック後には、カモになっていた地方公共団体、学校法人（大学）、医療法人（病院）、宗教法人（寺や教会）、中小企業、個人富裕層が巨額損失を被りました。

しかし、単純な先物・オプション取引は「リスクヘッジ（リスクを避ける取引）」に使えます。1年後に米ドルで受け取る輸出代金について、為替レートをあらかじめ予約しておくことで、為替リスクを避けるといった取引がやりやすくなるからです。

デリバティブ取引が加わることで、市場に深みが増して、暗号通貨の流動性も高めやすいといえます。他方で、デリバティブ取引はレバレッジをかけやすい——実質的な取引規模を何倍にもできるという側面もあります。

だから流動性も高めやすいのですが、逆に、危機が起きたときに、実物の暗号通貨の残高の何倍もの規模で、取引の清算が必要になったりすると、危機を大きくする危険性があります（234ページの図4－10）。とはいえ、暗号通貨が発展すれば、デリバティブ取引の発生は必然的に起きるかもしれず、いかにうまく利用するかが重要になるでしょう。

「投機対象だから価値が不安定」のウソ

ビットコイン批判のなかには、明らかに誤った認識に基づくものがいくつもあります。そのひとつとして、「投機対象として注目されているために価値が不安定だ（米ドルや円などの国家通貨との為替レート変動が激しすぎる）」という指摘があります。日本のマスメディアでは人気があったコメントですが、金融実務経験者や経済学者の多くは決して賛成しない内容です。

第一に、日々の価格変動が激しいとしたら、それは投機がおこなわれていないか、投機が少ないからです。冷蔵・冷凍保存の技術がすすんでいなかった時代に、豊漁と不漁の差が激しく、すぐに腐ってしまう魚を市場で売ると、日々の価格変動が大きくなりやすかったはずです。いまでも、鮮度を保つには冷凍保存するしかないのに、冷凍保存にかけるコストが割にあわないようなモノについては、そうした現象が起きているはずです。

他のモノや金融資産も、投機がまったくない状態で日々の需給に大きなバラツキがあれば、ある日は300円、翌日は50円、翌々日は400円といった変動が起きたりします。このとき、いまと将来の価格差を利用して儲けようとする投機者たちが、「たまたま買い手がないところに大量の売りが出ているからといって、50円はいくらなんでも安すぎる」とみて、大量に買って儲けようとすれば、200円とか250円ぐらいまでは値上がりするでしょう。投機者が十分に多ければ、その程度に値上がりするまで「安すぎる」とみて買い続けるからです。

つまり、図表4-14の上側Aのグラフで示されるような価格変動は、投機がおこなわれていないか、投機が少ないからこそ起きるのであって、投機が十分に多ければ起きにくいのです。投機がつねに大規模におこなわれていれば、図表4-14の下側Bのグラフのように、日々の価格変動は安定化しやすいといえます。ただし、数ヵ月とか数年の間に急激に値上がりしてバブルを発生

図表4-14　投機の規模とレート安定

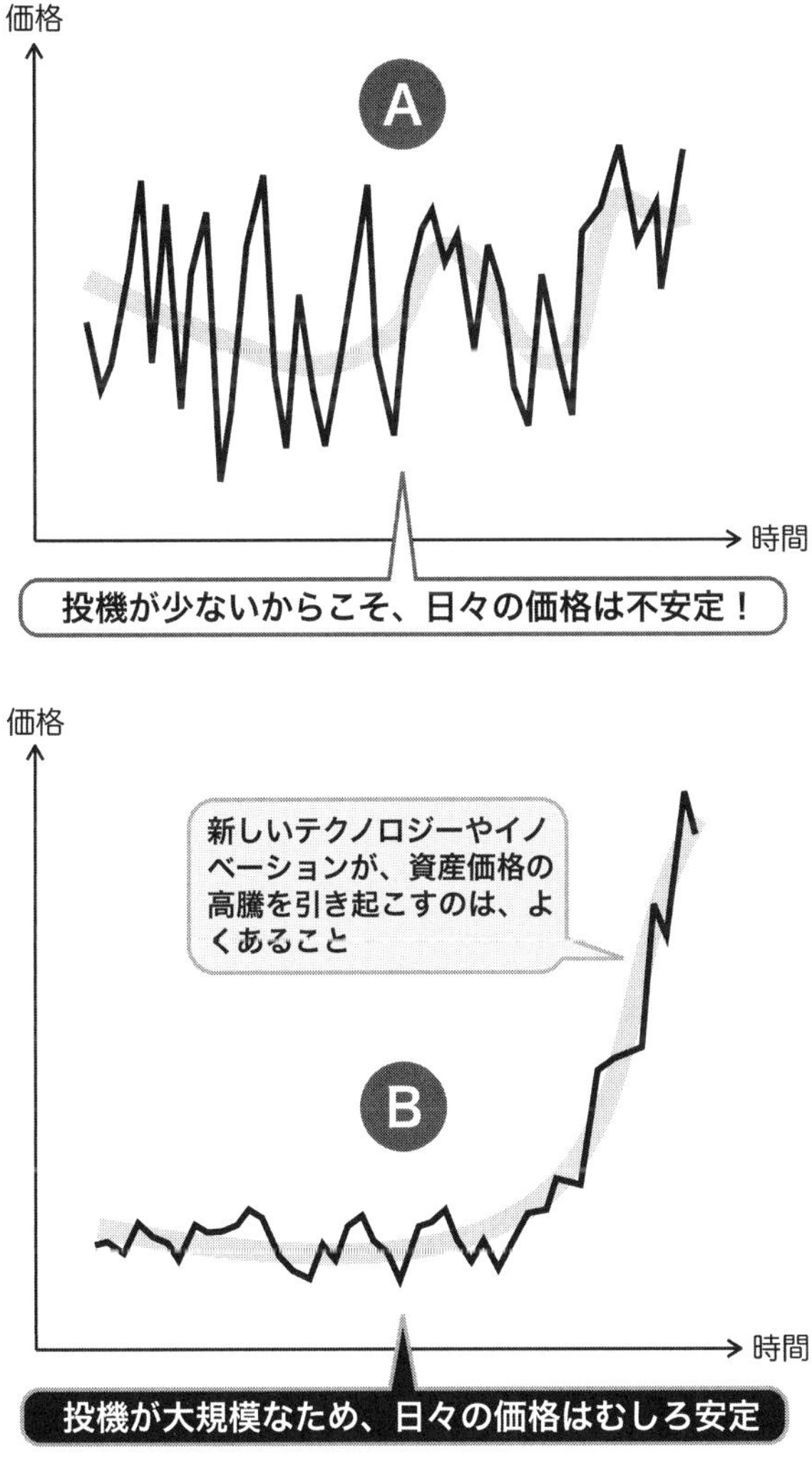
価格
A
時間
投機が少ないからこそ、日々の価格は不安定！
価格
新しいテクノロジーやイノベーションが、資産価格の高騰を引き起こすのは、よくあること
B
時間
投機が大規模なため、日々の価格はむしろ安定

させ、やがてそれが崩壊して暴落するといった現象は起きやすくなります。

とはいえ、資産価値のあるほとんどのもので、バブルの可能性があります。株式会社が発明された影響で株価や住宅価格が上昇してバブルを生みやすい状況になったオランダで、チューリップバブルが起きたあと、いろいろな新しいテクノロジーへの期待感が、つぎつぎと株価などのバブルを発生させては崩壊するという歴史がくり返されてきました。

わかりやすい事例を挙げると、アメリカでも日本でもインターネットの発展が1999年前後に情報関連企業の株価を高騰させて「ITバブル」を生み、2000年春に崩壊しました。しかし、インターネットそのものはさらに進化を続けています。過去には、運河や鉄道もバブルのテーマになりましたが、運河や鉄道の進化はそのバブルが崩壊したあとも続きました。新しいテクノロジーやイノベーションは金融資産の高騰につながりやすいものなのです。

ビットコインが注目を集めるなかで価値が急騰したのも、よくあるパターンにすぎません。こうしたときには過度に上がりやすいので、反動で急落しても不思議ではありません。しかし、この流れで価値が大幅に下がっても、ビットコインというテクノロジーが否定されたわけではないのです。想像もつかなかった新しいなにかが登場したときには、ある程度評価が落ち着くまで、大幅に値上がりしたり値下がりしたりするのは仕方がないことです。

生まれながらの国際通貨

ビットコインがもっともっと取引されるようになれば（さらに類似の暗号通貨の取引が増えて、デリバティブの取引も加われば）、市場に厚みができて変動幅はもっと小さくなります。このあたりの感覚は、株式投資などをしている人にはわかりやすいはずです。ビットコインをふくむ暗号通貨の取引市場が成長・発展すれば、為替レート変動のボラティリティ（変動の激しさを示す値）は、おそらく新興国通貨の為替レートのボラティリティと同程度か、それ以下になるだろうと、筆者（吉本）は予想します。

なぜそう予想するのか、簡単に説明します。図表4－15の上側の図の矢印で示される、ビットコインと世界各国の通貨との交換がもっともっと大規模におこなわれれば、たとえば、中国の人民元からビットコインに資金が流れ込んだときのインパクトが小さくなるからです。

そして、ビットコインのような暗号通貨は、生まれながらにして〝国際通貨〟です。図表4－15の下側の図で、日本からイギリスへの送金を考えてみましょう。円を直接ポンドに交換して送るよりも、ビットコインのような暗号通貨に交換して送金し、受取人にポンドに交換してもらうほうが、ずっと取引コストが安いというのが、これまでに示した結論でした。

図表4-15　国際通貨としての暗号通貨

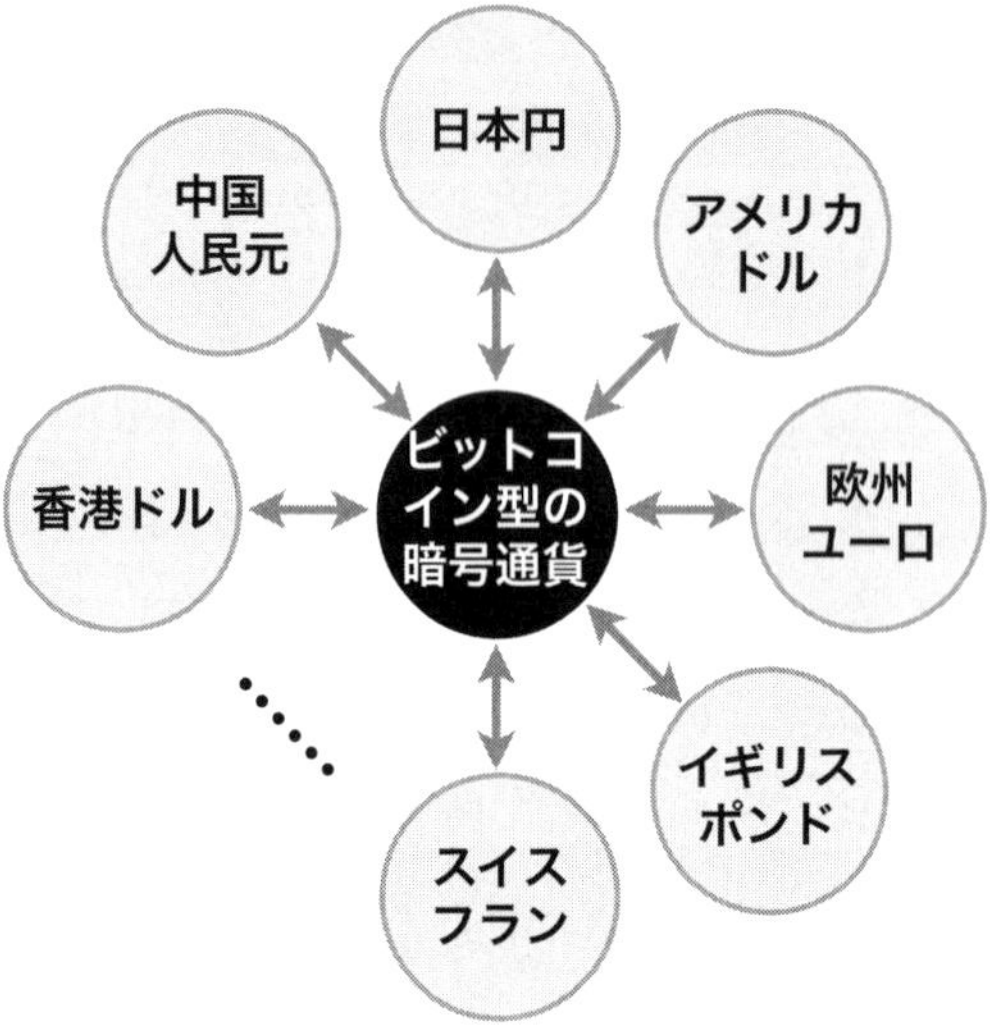

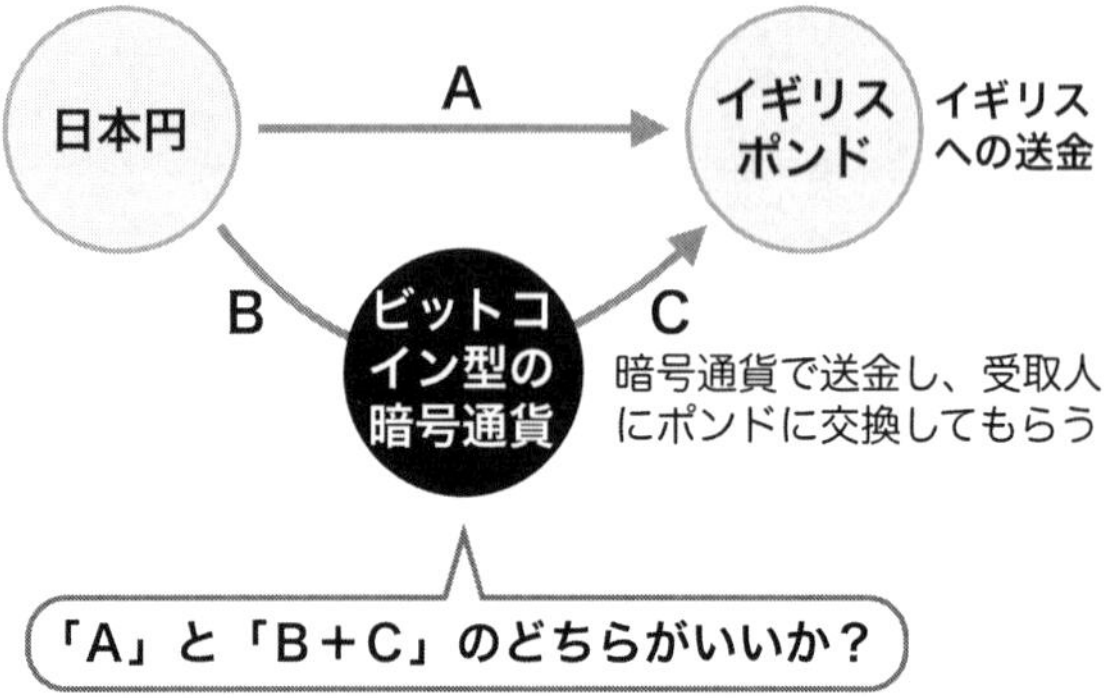

だからこそ、ビットコインの価値がどんどん認められて使われるようになれば、ビットコイン経由の国際決済は飛躍的に増える可能性があります。そうなれば、ビットコインの取引規模が各国通貨に対して十分な大きさをもつようになりますから、ビットコイン対各国通貨の為替レートのボラティリティは、かなり下がるでしょう。

通貨制度の未来

通貨は「ある程度以上の人たちに通貨として信用されていれば、通貨」であり、すでにビットコインは通貨として機能しています。そして通貨の進化を望む人たちのニーズに応えていますから、もっと発展する可能性があります。他方で、「通貨には寿命があって、突然死のリスクもある」ため、あっというまに消えてしまう可能性もあります。では、非可逆的な進化を続ける通貨制度の未来は、どうなるのでしょうか。

これまで何度か述べたように、一人ひとりがビットコイン(暗号通貨、仮想通貨)を通貨として信じるかどうかの積み重ねが、結果を左右します。他の通貨の未来を考える場合も同じです。だからいろいろな予想が可能ですが、ここでは4つの未来予想図を示しておきます。日本国民の経済取引に使われる通貨についてみた図表4-5(205ページ)を元に、日本国民の視点で示します。

まず、ビットコインのような暗号通貨が成長・発展するケースの予想図として、図表4−16の①があります。破線の円が日本国内での経済取引を意味しており、その決済にはいろいろな国家通貨が使われ、いくつかの暗号通貨も使われます。国際決済でも基本的な構図は変わらず、円以外が日本国内でも使いやすくなっているわけですから、円での国際決済はさほど伸びないでしょう。また、国際決済にだけ使われる（日本国内ではほとんど使われない）暗号通貨があるかもしれません。

日本政府が一時期目指していたと思われるものは、図表4−16の②です。日本国内の決済は原則として円でおこない、かつ円の国際化によって、国際決済で円が使える範囲を広げるという発想です。もはや夢物語のようにみえますが、どうでしょうか。

図表4−16の③のように、世界全体での通貨統合が理想的だと考える人も、まだまだいます。そのときの世界統一通貨は米ドルでしょうか、金でしょうか。それともまったく新しい通貨でしょうか。実現までの年数がとても長いかもしれませんが、いつか実現する可能性はあるのかもしれません。

ビットコインのような暗号通貨は生き残らないものの、国内でいろいろな国の通貨が決済に使われるようになるというのが、図表4−16の④です。これが無難な予想図だと考える人は多いで

図表4-16　通貨制度の未来予想図

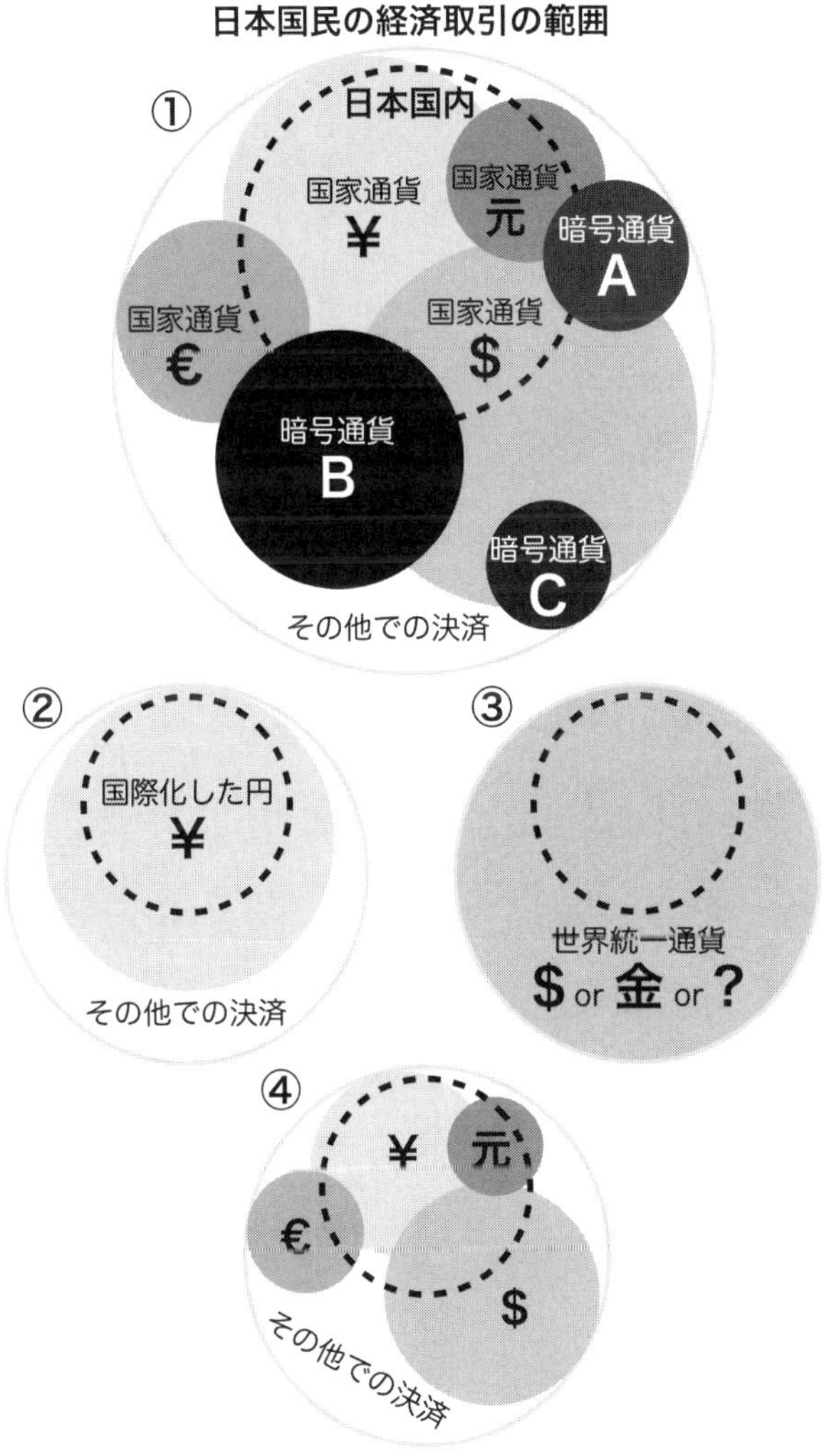

しょう。

通貨制度はこんなに単純な図解では示せないので、もっと細かな要素まで考えれば、多様な予想図がありうるはずです。たとえば、どんな通貨が使われているかとは関係なく、すべての国の通貨で金本位制が復活しているという予想もできなくはありません。……もっとも、わかりやすい例として挙げただけで、実現の可能性はとても低いでしょうが。

しかし、基本的なところだけを整理すると、ここに挙げた4つ以外に考えられるのは、②のタイプで、中心にある通貨を円から米ドルなどに置き換えたパターンぐらいでしょう。これも十分に考慮すべきケースで、②そのものより実現性が高いかもしれません。論理的には、ビットコインのような暗号通貨だけになるとの予想もあるのでしょうが、日本政府などの各国政府がそれを許すとは思えません。

あとは、日本をふくむいくつかの国が通貨統合をするとか、日本が円以外にも国家通貨を導入するといったことがあるかどうか……。ユーロ導入の帰結をみてしまったあとでは、日本をふくむ何ヵ国かでの通貨統合は、まず実現しそうにないと感じられます。日本政府が円とは別の国家通貨（第二の円とか）を導入するというプランも、おそらく実現困難でしょう。凝《こ》った予想はどれも空想に思えます。

こうして消去法で考えたうえで、もし読者が「経済のグローバル化で国際決済は増えるだろうが、やはり円が中心になるはずだ。そのなかで、米ドルやユーロや人民元は日本国内でももっと使えるようになる」と思うなら、じつは①と④しか選択肢がありません。あとは、①か④か、ビットコインのような暗号通貨がどうなるかを予想してみてください。

ビットコイン（暗号通貨）は成長・発展して生き残るのか。あるいは、通貨としては成長できずに消えてしまうか。また、「成長しないが、通貨としては生き残る」という可能性はあるのか。成長への期待が消えてしまえば、投機対象としての魅力が消えて、衰退の一途をたどる可能性もありそうです。

ここまでで、通貨と金融の基本的な考え方は示しました。いろいろな可能性も示しました。あとは読者自身で考えていただければ幸いです。

ビットコインがもたらした2種類のイノベーション

すでに紹介したように、複数通貨の自由な競争を主張したハイエクでさえ、その結果、世界のすべての国で〝金〟に裏づけられた通貨が勝ち残り、世界全体で金本位制になったとしてもかまわないと考えていたようです。錬金術も研究していたニュートンは、イギリスが金本位制になることを狙って、金・銀の交換比率を意図的に操作したのかもしれません。

ユーロの誕生時にヨーロッパの多くの人が期待したように、たったひとつの通貨単位をみんなで使い、通貨形態は多様化して便利になるというのが、ある意味では理想なのかもしれません。ですから、ビットコインが、通貨単位の面でのイノベーションをともなわず、通貨形態のメニューに暗号通貨を加えるだけのイノベーションをもたらしたのなら、もっと多くの人たちに評価されたでしょう。

しかし、国家通貨に対してこそ危うさを感じる人は、ビットコインが通貨単位の面でイノベーションをもたらしたがゆえに、高く評価しているのです。そして実際には、ビットコインによるイノベーションは、通貨単位と通貨形態の両面を分けられない性質のものです。

こんな単純化はまちがっているかもしれませんが、理系の人は暗号通貨という通貨形態のイノベーションに注目しやすく、文系の人は政府から自由な通貨単位というイノベーションに注目しやすいように思われます。ビットコインのことを考えようとするきっかけはそれでいいと思いますが、真剣にビットコインについて検討し、自分が使うか使わないかを決めるには、通貨単位と通貨形態の両面で、自分の意見をもつ必要があることを忘れないでください。

ビットコインのもうひとつのインパクト──数学の勉強には夢も実益もある

ビットコインについて真剣に考えようとすると、どうしても「通貨とはなにか？」、あるいはもっとあいまいな意味をふくめて「貨幣とはなにか？」に悩むことになります。通貨と貨幣の区別については、本文で説明しました。制度として成立するのかを検討したいという姿勢を示すためにも、本書では「通貨」のほうをできるだけ使いました。

しかし、概念のところから悩むとすれば、「貨幣論」と呼ぶほうがいいでしょう。本書でも結局は、貨幣論といえそうな内容まで論じています。ビットコインの登場によって、いまや〝暗号〟や〝ハッシュ〟について考えることも、貨幣論にふくまれるようになりました。貨幣論は、はっきりと〝数学〟の応用分野のひとつになったのです。

未来には、別の科学技術が通貨（貨幣）に導入されるかもしれません。ビットコインのような暗号通貨のつぎに起きうるイノベーションとして、荒唐無稽かもしれませんが、つぎのような想像をしてみました。

人間の記憶や心理を反映させる技術を組み込んだ通貨は、どうでしょうか。技術的には空想に近いかもしれませんが、通貨のしくみとしては古くからあるものです。

お互いの個人情報をある程度以上知っている人間同士の小規模コミュニティで、表面的な通貨のやりとりはせずに、モノを誰かに渡す。あるいは、全員で食事をしたときの代金をひとりがまとめて支払う（しかし、金融取引＝おカネの貸し借りとしての手続きはしない）。みんながこれを記憶していて、長期では貸し借り（ただし、あくまで心理的な貸し借り）をなくそうとする。仁義を重んじる人たちのコミュニティでは、ときどきみられたしくみです。

Aが他の構成員に対してたくさん貸しをつくっていることを知っているBが、自分はAに借りがなくても、Aにモノを渡すときにそれを意識して行動する。そうなれば、「人々の記憶」が通貨として機能しているといえます。このとき、価値尺度はかなりあいまいで、心理要因がかなり影響します。

例として、みんなで使うテニスコートの使用料を誰かが支払い、それを前提に、買ってきた飲み物をみんなに渡すときに、ある人からは代金をもらったり、もらわなかったりすることを、想像してみてください。

なんらかの機器を使って、これを一般的に使えるようにシステム化するのは、錬金術と同じ無理な試みでしょうか。現時点ではまったく無理でしょうが、一時期話題になった「地域通貨」

や、ネット上のヤフー知恵袋で、誰かの質問に答えるともらえて使える「知恵コイン」などをみると、〝記憶通貨〟への進化に対するニーズはありそうです。

もっと意外な方向への進化が起きるかもしれません（変な先入観がない中学生などのひらめきが、イノベーションを起こすかもしれません）。もしビットコインが突然死しても、ビットコインが通貨制度進化の加速ボタンを押した効果は、とても大きいといえます。

ニュートンが生きた前後の時期（17世紀から18世紀にかけて）は、ヨーロッパでも日本でも通貨制度の〝大進化時代〟だったと思われます。そしてビットコインの登場が、ふたたび大進化時代の扉を開いたようにみえます。情報技術の進化に加えて、超低金利によって預金決済ビジネスの前提のひとつが崩れたという、追い風も吹いているからです。

通貨、金融、保険といったしくみ（制度）は、もともとは、モノの流通の裏側で使うために生まれ、進化してきました。たとえば、遠い地域の人とも商《あきな》いをするようになって、重い金属製の通貨（硬貨）が不便になり、為替という金融のしくみができました。より軽い通貨を求めると、紙幣を受け入れる環境が整いますが、その背景には、遠くの相手と重い硬貨で決済するのはたいへんだという事情があったでしょう。

航海技術の発達が大航海時代につながり、株式市場ができて、海上保険も整備され（のちに世界的な保険市場の機能を果たすことになるロイズコーヒー店がロンドンにできたのも、17世紀です）、通貨制度も進化しました。〝なにかを運ぶ技術〟の発達が、まずはモノや人の動く範囲を拡大して、それからある程度の期間を経て、たいていはまず金融の進化が起きて、そのあとで通貨や保険の進化も起きるわけです。

運河や鉄道の発達も、株式市場のバブルのテーマとなりました。ただ、貿易においては海上輸送の役割がまだまだ大きいため、モノや人の他の輸送手段が発達しても、通貨の大きな進化にまではつながらなかったのでしょう。

そのために通貨の進化はゆっくりになりましたが、20世紀の終わりに、インターネットによって〝情報を運ぶ技術〟が急速に発達して、しばらくして金融（銀行間の預金ネットワークやクレジットカードなど）の進化がじわじわと起き、いよいよ通貨も、新たな進化をしようとしています。

ニュートンが生きた時代は、船で大量のモノを地球の裏側まで運ぶ技術の発達が、数百年をかけて、通貨の大進化時代につながりました。いま起きているのは、膨大な情報を世界中に運ぶ技術の発達が、数十年をかけて、通貨の大進化を促すという現象です。ビットコインのような暗号通貨が登場して普及する歴史的必然性があり、それに応える試みだからこそ、これだけ話題になっているのです。

なお、ここでいう進化は一直線状の進化ではなく、さまざまな方向に枝分かれするかたちでの進化を想定しています。国家通貨である現金や預金も進化しながら、新しい進化の枝として暗号通貨が出現したというイメージです。

さて、ビットコインに使われる数学と、少し前に流行した〝金融工学〟の数学と、どうちがうのかという疑問をもつ人もいるでしょう（筆者たちの身近には実際にいました）。数学の内容がどう異なるかは、両方の解説書を読み比べればわかります。ここでは、使い方のちがいを指摘しておきます。

金融工学のための数学・計算・プログラムは、ポーカーや将棋に勝つための数学・計算・プログラムと同様に、金融市場で他の参加者に勝つために使われます。全体での価値を増やすわけではなく、誰かから価値を奪うことが本質です。これは、金融市場での投機や裁定がこの本質をもつからです。

しかし、通貨はビジネス上の取引コストを節約します。これによって、通貨そのものが価値をもたらす働きをします。そして、暗号通貨のための数学・計算・プログラムは、通貨の機能を維持するために使われます。本当の意味で、数学や計算が新しい価値を生み出すのです。

価値を奪うための数学と、価値を生み出す数学。これが金融に使われる数学と、暗号通貨に使われる数学の決定的な相違点です。

さて、高校や大学で学ぶ数学だけでなく、より基礎レベルの中学数学でさえ、「生活のうえではまったく役に立たない」との意見があり、悪名高い「ゆとり教育」では、本当はぜひ学んでおくべき教育内容のいくつかが中学校や高校の数学の教科書から消えました。その反省もあって、2014年度に高校3年生になった生徒たち以降は「脱ゆとり教育」のカリキュラムで学んでいます。

しかし、新しい数学カリキュラムでも、情報社会で仕事をしたり生活をしたりするのに役に立つ内容が、残念ながら抜けていたりします。グラフをきちんと読むために必要な「対数目盛り」のグラフや、表計算ソフトを活用して分析をするときの基本となる「行列」を、いまの高校生は学びません。

本書の筆者2人がぜひともビットコインの本を書きたかったのは、そして講談社ブルーバックスの編集部がこの企画を認めてくれたのは、「数学と計算が価値を生む」という暗号通貨のしくみをアピールすることで、数学を学ぶことがこんなに役に立つのだと、最後に強調したかったからです。

中学校で学ぶ数学のなかで、いちばん役に立たないように思える内容として、「素数、素因数分解」があります。しかし、素数や素因数分解は、ビットコインのような暗号通貨だけでなく、さまざまな情報の安全性を維持する技術の基礎となっています。これは、ハーバード大学の学長だった当時のローレンス・H・サマーズ教授が強調していた点です。

ビットコインについては「自己責任」が強調されています。本書でも強調しました。そして、中学レベルの素数や素因数分解の話がわかっていれば、ビットコインの暗号の考え方がわかりやすかったはずです。

大切なおカネの話で、新しいテクノロジーを自己責任で理解するには、数学が役に立つのです。情報化社会のなかで、数学が生活や仕事の役に立つ場面は、今後もっともっと増えるでしょう。

新しい通貨についての数学的なアイデアを思いつけば、世界経済に大きな価値をもたらしながら、自らも巨額の富が得られるかもしれません。中学生や高校生にだってチャンスはあります。

数学では、たったひとりや数人のひらめきが世界を変えることがあります。ビットコインなどの基礎となっている公開鍵暗号は、ホイットフィールド・ディフィーとマーティン・ヘルマンの2人が、RSA暗号は、ロナルド・リベストとアディ・シャミア、レオナルド・エーデルマンの3人が発想したものです。

思いついたのが誰であっても、アイデアさえすばらしければ、あとは世界中の天才数学者がおもしろがって実現してくれるでしょう。ビットコインがまさにそうだったのですから。現実には、巨額賞金の宝クジを当てるよりもずっとむずかしいでしょうが、数学の勉強にこんな夢があるなんて、すばらしいことです。チャレンジしてみると、ニュートンが錬金術に熱中した気持ちが、少しは理解できるかもしれません。

いずれにしても、ビットコインは、数学を学ぶことの価値を高めたといえます。

さくいん

N.D.C.007　270p　18cm

ブルーバックス　B-1866

暗号《あんごう》が通貨《カネ》になる「ビットコイン」のからくり
「良貨」になりうる3つの理由

2014年5月20日　第1刷発行
2018年2月26日　第4刷発行

著者　吉本佳生《よしもとよしお》
　　　西田宗千佳《にしだむねちか》
発行者　鈴木　哲
発行所　株式会社講談社
　　　〒112-8001　東京都文京区音羽2-12-21
電話　出版　03-5395-3524
　　　販売　03-5395-4415
　　　業務　03-5395-3615
印刷所　（本文印刷）慶昌堂印刷株式会社
　　　（カバー表紙印刷）信毎書籍印刷株式会社
製本所　株式会社国宝社

定価はカバーに表示してあります。

ISBN978－4－06－257866－0

発刊のことば

科学をあなたのポケットに

二十世紀最大の特色は、それが科学時代であるということです。科学は日に日に進歩を続け、止まるところを知りません。ひと昔前の夢物語もどんどん現実化しており、今やわれわれの生活のすべてが、科学によってゆり動かされているといっても過言ではないでしょう。

そのような背景を考えれば、学者や学生はもちろん、産業人も、セールスマンも、ジャーナリストも、家庭の主婦も、みんなが科学を知らなければ、時代の流れに逆らうことになるでしょう。

ブルーバックス発刊の意義と必然性はそこにあります。このシリーズは、読む人に科学的に物を考える習慣と、科学的に物を見る目を養っていただくことを最大の目標にしています。そのためには、単に原理や法則の解説に終始するのではなくて、政治や経済など、社会科学や人文科学にも関連させて、広い視野から問題を追究していきます。科学はむずかしいという先入観を改める表現と構成、それも類書にないブルーバックスの特色であると信じます。

一九六三年九月　　野間省一